Giuseppe Bucalo

MALATI DI NIENTE
manuale minimo di sopravvivenza psichiatrica

DEDICA

" Liberami!" Giovanni ha le mani legate dietro la schiena. Sono passati 10 anni ma ancora sento la rabbia venire su. Manicomio di Messina. Il cortile è deserto. Siamo uno di fronte all'altro. Lui mi guarda fisso. So cosa sta pensando. "Credi di essere libero? Le tue mani sono libere. Usale. Usa la tua libertà per liberarmi"

Non riesco a muovermi. Una paura ancestrale mi assale. Liberarlo. E poi? Non c'é niente che due mani folli, una volta libere, non possano fare. Penso "Ho le mani legate". Mi sento responsabile di tutto ciò che potrebbe succedere a me, a lui, alle cose...

Giovanni sa chi gli ha legato le mani. Ma le mie da chi o cosa sono legate? Non ci sono fasce ad immobilizzarmi, né infermieri a minacciarmi, eppure non riesco a muovermi, a decidermi. Quelle fasce in qualche modo legano entrambi. Slegarlo vorrebbe dire slegarmi. Liberarlo liberarmi dalla paura di essere considerato irragionevole e irresponsabile se sto dalla sua parte.

Giovanni mi dà solo un istante. Mi volta le spalle e si rifugia nel punto più lontano del cortile. E lì ancora mi aspetta...

Negli ultimi dieci anni mi sono inoltrato a piccoli passi in questo cortile di paure e pregiudizi. So di essere vicino ma so di non averlo raggiunto.
Questo libro è dedicato a lui.

INTRODUZIONE

" Quando lei mi chiede 'Che cos'è la malattia mentale', se vuol chiedermi: 'Ritiene necessario formulare un tale giudizio di valore' - in questo caso la mia risposta è: NO "

(R. D. Laing)

Sopravvivere alla psichiatria. Sopravvivere tutti. Nella mente e nei corpi. La psichiatria infatti non solo mette in pericolo il nostro corpo, esponendolo all'arbitrio, alla pietà, al ridicolo e alla reclusione...ma mina alla base la nostra stessa possibilità di esistere come esseri pensanti.

Ci hanno fatto credere che la psichiatria riguardi solo gli psichiatri e le loro vittime involontarie. Noi stessi crediamo che il nonsenso e la violenza psichiatrica alberghi solo nelle menti e nel corpo degli psichiatri, nei luoghi in cui essi operano. Ci ha fatto comodo pensare al manicomio come ad un incidente. Ci siamo dati da fare per liberare gli internati continuando a chiamarli 'malati'. Abbiamo lottato contro i loro carcerieri continuando a chiamarli 'dottori'. Abbiamo contestato le loro torture continuando a chiamarle 'terapie'. Abbiamo continuato a dichiararci innocenti continuando a definirci 'incompetenti'.

Ci dipingiamo come ingenui e inesperti, sempre pronti a stupirci di fronte alla barbarie psichiatrica. Diciamo di essere stati presi in giro. La psichiatria ci ha ingannati: affermava di essere la 'cura' alla nostra incapacità di vivere e invece torturava i nostri fratelli.

Per troppo tempo ci siamo tirati fuori dal gioco. Siamo rimasti attoniti di fronte all'orrendo spettacolo del manicomio. Abbiamo finto con noi stessi. Finto di non sapere di quelle scariche elettriche che mandavano in tilt il cervello di migliaia di persone, finto di non vedere le inferriate, finto di non sentire le urla strazianti dei sepolti vivi, finto di non capire che li avevamo condannati a morte certa... Abbiamo finto con noi stessi quando parlavamo di ospedali, di cure o di sofferenze. In realtà volevamo solo proteggerci, non farci toccare, non pensare, smettere di capire, difendere il nostro equilibrio. Volevamo far smettere l'altro di spaventarci raccontandoci storie strane, accusandoci di delitti, stravolgendo le cose. Volevamo che la smettesse di andare in giro, che facesse strani segni sul muro, spostasse i mobili di casa. Volevamo che ritornasse ad essere quello di prima, quello che conoscevamo, quello da cui sapevano sempre cosa aspettarci. Volevamo che capisse che non poteva fare sempre tutto quello che voleva; che noi non l'avevamo mai fatto. E sì che ne avevamo avuto voglia, ma non avevamo mai avuto il coraggio di esporci, esporre la nostra paura o la nostra rabbia, il nostro stupore o la nostra fantasia.

Non abbiamo rinchiuso fratelli, figli, madri, padri o amici, ma estranei. Sosia che avevano preso il loro posto, entità, fantasmi, angeli che si erano incarnati in loro e avevano preso possesso della loro mente e del loro corpo. Estranei. Dannati. Malati. Corpi da bruciare col fuoco della febbre malarica o dell'elettroshock. Meglio morti, pensavamo. Meglio morti che pazzi. E la psichiatria li ha fatti morire e ha utilizzato i loro cadaveri in una danza macabra. Ci siamo convinti che non sentissero più gli aghi, non sentissero più le cinghie che gli serravano i polsi, la morte arrivare. Solo così abbiamo potuto costruire le nostre case, farci una storia, vivere e gioire, come se non ci fossero mai stati. Morti e sepolti per sempre.

Chiuso il manicomio l'inganno continua. Non ci tengono più *fuori* dalle mura. Ci chiedono di collaborare, di sostenere le cure, di stordire i nostri cari, convincerli a frequentare gli ambulatori, mettergli il serenase di nascosto nel bicchiere... Le nostre braccia e le nostre mani sono le nuove camice di forza, le nostre case i reparti, le nostre piazze i cortili.

Continuiamo a chiamarli medici, esperti delle umane sofferenze, scienziati. A loro continuiamo ad affidare coloro che gli abbiamo strappato. Quali altre prove devono darci? Quali altre vittime?

Qualcosa non va nel nostro decantato *senso di realtà*. Continuiamo a definire *pericolosi a sé e agli altri* persone che non hanno mai fatto del male a nessuno, mentre permettiamo che i responsabili delle *torture* manicomiali siano liberi di continuare i loro esperimenti su esseri umani non informati e non consenzienti. Ci sembra ovvio accettare che lo psichiatra invada la mente e il corpo di persone che non l'hanno richiesto, che distrugga la loro vita affettiva, sociale e sessuale, che lo insulti, lo umili, che lo faccia legare in un letto... mentre continuiamo a ritenere irrazionale che queste persone si ribellino, diano calci, cerchino di sfondare finestre per scappare... Si dice che i matti siano pericolosi perché imprevedibili. Gli psichiatri, che sembrano non esserlo, lo sono invece per statuto. Da loro ci aspettiamo che impediscano con ogni mezzo alle persone di esprimersi per quelle che sono, sentono e pensano. La violenza della psichiatria è *terapia*. Quella delle sue vittime *malattia*.

E noi? Qualcosa non va nella nostra mente se continuiamo a negare l'evidenza.

Noi siamo la psichiatria. Pur senza camici, siringhe e competenza, noi condividiamo la sua logica. Ne abbiamo fatto anzi un pilastro del nostro senso di realtà. Sono queste nostre mani a immobilizzare le persone nei letti, a scrivere le cartelle cliniche, ad azionare l'elettroshock, a telefonare ai vigili urbani, a spingere dentro e a chiudere le porte.

La psichiatria ha la sua radice nella nostra paura di ciò che non riusciamo ad accettare, a comprendere e a condividere. Questo è l'unico sentimento che ci unisce. Di questa paura sono fatti i muri, i farmaci, le persone, le strette di mano, le cooperative di lavoro, le case famiglia e le psicoterapie. Di questo universale e inarrestabile terrore di impazzire. Non diciamo *abbiamo paura di ascoltare*, diciamo *non c'é niente da capire*. Non diciamo *impeditegli di parlare*, diciamo *curatelo*. Non diciamo *io non ti capisco*, diciamo *tu sei malato*.

La 'malattia mentale' è l'unica cosa che ci può salvare dall'essere accomunati al giudizio storico dato alla Santa Inquisizione e allo sterminio nazista. Se potessimo dimostrare la sua esistenza potremmo uscire assolti dal reato di crimini contro l'umanità. Ma soprattutto saremmo sicuri che ciò che le persone vedono, sentono, pensano o fanno non ci riguarda e non riguarda neanche loro. Ha a che fare con gli impersonali processi biochimici, col cervello e non con il cuore, con le sinapsi e non con le relazioni, con la dopamina e non con gli dei.

La 'malattia mentale' giustifica le nostre azioni e annulla quelle degli altri. Ci rende impermeabili gli uni agli altri. Invisibili. Niente più vittime, né carnefici, né tantomeno mandanti.

Senza la psichiatria sarebbe impossibile giustificare quello che quotidianamente imponiamo a questi esseri umani che non infrangono leggi e non ci hanno dichiarato guerra. Abbiamo un tale bisogno di giustificare la nostra aggressività nei confronti di chi non si piega al nostro senso del reale, che siamo prigionieri della psichiatria. Nessuno la usa. Tutti ne siamo usati. Anche gli psichiatri.

Questo libro propone un percorso teorico e pratico per liberarsi *della* e *dalla* psichiatria. E' un manuale di autodifesa minimo. Una sorta di vaccino contro la contaminazione del morbo dell'intolleranza e della paura.

L'urgenza di sopravvivere alla psichiatria non riguarda solo le sue vittime. Riguarda tutti coloro che questo mostro hanno creato e hanno alimentato con le loro paure.

Molti non vedono il mostro di cui parlo. Forse non possono vederlo perché già guardano coi suoi occhi e pensano con la sua mente.

MALATI DI NIENTE

> " C'è una storiella su un paziente sottoposto alla prova del riflesso psicogalvanico. Gli viene chiesto di dire se è Napoleone e risponde di no. Il galvanometro registra una bugia "
>
> (R. D. Laing)

Non esiste categoria di esseri umani che abbia collezionato più ragioni e subito più torti delle vittime volontarie (e involontarie) della psichiatria. Non esiste disciplina che abbia perseverato nei propri errori e difeso i suoi orrori come l'(incon)scienza psichiatrica. Eppure siamo ancora qui, aldilà di ogni logica, buon senso o umanità, a discutere se dare credito e ragione ai primi, oppure lasciare che gli psichiatri continuino ad usare (e abusare) di loro.

Per decidere se esista o meno una malattia che colpisce la mente degli individui e li fa sragionare, abbiamo due strade. Individuarne le cause organiche, i processi biochimici, le disfunzioni, che producono queste trasformazioni incantate e/o inquietanti nelle persone che ne sono affette; oppure raccogliere le testimonianze e le richieste di aiuto delle persone che ne avvertono i sintomi e se ne sentono aggredite.

La psichiatria non ha mai ottenuto nessuna delle due prove. Tant'è che ha dovuto elaborare il concetto di "non coscienza di malattia", facendolo assurgere a sintomo chiave della malattia mentale, annullando il confronto con l'esperienza e la volontà dei pazienti e facendo così a meno del loro consenso.

Si è 'malati di mente' per il solo fatto di dichiarare di non esserlo. Si ha bisogno di cure per il solo fatto di rifiutarle. Tutto viene stravolto nella logica psichiatrica. Tutto ci viene rivoltato contro.

Malati (e incoscienti di esserlo) erano quegli uomini e quelle donne che hanno lottato fino all'ultimo istante per non farsi lobotomizzare da altri uomini e donne sane (e coscienti di farlo). Malati (e incoscienti di esserlo) coloro che si ribellano ai vigili urbani che li conducono a forza nei reparti, agli infermieri che li legano al letto o agli psicofarmaci che li rendono larve.

Non c' è niente in ciò che gli psichiatri fanno che assomigli ad un tentativo di dare risposta ad una malattia. Il loro scopo sembra essere convincere se stessi, la società e, soprattutto, i loro pazienti che sono 'malati' e che hanno bisogno delle loro 'cure'. A ben guardare la maggiorparte delle parole che si usano in psichiatria (le cosiddette psicoterapie di sostegno, individuali o di gruppo), servono a convincere le persone della necessità che accettino le terapie senza opporre resistenza.

Il modo di sragionare degli psichiatri, se potessimo amplificare i loro pensieri, suonerebbe più o meno così:

> " La tua sofferenza e la tua singolarità, sappiamo di loro abbastanza cose (che tu neanche immagini) per capire che si tratta di una malattia; ma questa malattia, la conosciamo abbastanza per sapere che tu non puoi esercitare su di essa e nei suoi riguardi alcun diritto. La tua pazzia, la nostra scienza ci permette di chiamarla malattia e perciò, noi medici siamo qualificati per intervenire e diagnosticare in te una pazzia che ti impedisce di essere un malato come gli altri; dunque tu sarai un malato mentale ".
> (M. Foucalt 1975, pagg. 168/169)

Ecco che se noi non abbiamo coscienza e controllo di ciò che ci accade e di ciò che siamo diventati, lo psichiatra assume la nostra tutela e sceglie per noi ciò che è meglio, ciò che ci fa star bene e ciò che dobbiamo evitare. Le nostre idee e le nostre opinioni smettono di essere tali. Le nostre parole vengono ascoltate come si auscultano i battiti del cuore. Diventano *cose* prive di senso e di significato, sintomi di malattia (quando esprimono opinioni e scelte diverse da quelle del terapeuta) o di miglioramento (quando si piegano alla sua volontà).

Un esempio ci viene da quanto scrive l'inventore della 'schizofrenia', il dott. E. Bleuler,

> " *Da dieci anni un paziente mi dà periodicamente dei fogli di carta su cui sono scritte sempre le stesse quattro parole che significano che è ricoverato ingiustamente. Non importa se me ne dà una dozzina in una volta sola non capisce che è insensato, quando gli si chiede una spiegazione* ". (E. Bleuler 1985, pag. 76)

Ha ragione David Cooper quando dice che le diagnosi psichiatriche sono solo modi di nonvedere. Aggiungo che sono anche modi di non sentire e noncapire. Modi attraverso cui si annulla la possibilità di essere e agire di chi vi è sottoposto. La malattia mentale è solo un giudizio che alcune persone esprimono sui comportamenti e il modo di pensare di altre. Questo giudizio normalmente non è richiesto, né è condiviso, dalle persone che lo subiscono. Non solo. A differenza di tutte le possibili opinioni che altri possono esprimere sul nostro modo di fare, i punti di vista di uno psichiatra annullano e sostituiscono sempre i nostri.

Bleuler non viene sfiorato dal dubbio che l'internato possa avere ragione. Al contrario, la pratica psichiatrica parte dal presupposto che le sue ragioni corrispondano ai sintomi della sua malattia.

> " Voglio che ricordiate che, nello stato attuale della nostra società, il paziente ha ragione e voi avete torto ". (H.S.Sullivan, cit. in R.D.Laing 1980, pag. 109)

Possiamo sottoscrivere questo suggerimento che lo psichiatra Sullivan usava dare ai suoi giovani colleghi. Il paziente ha ragione sia quando valuta, accetta o rifiuta le terapie che gli vengono proposte, sia quando comunica o tenta di spiegare (e spiegarsi) quanto gli sta succedendo.

Così Nerina, internata in manicomio negli anni 60, è 'paranoica' perché ha paura che non uscirà più. Come Francesco che non mangia da giorni per paura che la madre gli faccia ingurgitare col cibo gli psicofarmaci. O Carmelo legato in un letto per punizione per aver tentato di slegare alcuni compagni di prigionia.

Hanno ragione intanto perché chi afferma di curarli ha torto.

Infatti, come scrivono Laing e Esterson,

> " Che un paziente soffra di un processo patologico può essere un fatto, un'ipotesi, un'opinione o un giudizio.
> Nel caso della schizofrenia, ritenere che sia un fatto è, senza alcun dubbio, falso; ritenere che si tratti di un'ipotesi, è leggittimo; formarsi questa opinione, o formulare il giudizio, non è necessario". (R.D.Laing e A. Esterson 1970, pag. 6)

Non è mai stato dimostrato che le persone sottoposte a trattamenti psichiatrici soffrano di alterazioni o malattie cerebrali.

Al contrario è certo che i trattamenti psichiatrici hanno prodotto (e producono) danni fisici evidenti e dimostrabili. Se vogliamo stare ai fatti non c'è niente di sensato in questo nostro ostinarci a credere che la spiegazione, il significato o il senso da dare ai nostri comportamenti e alle nostre scelte possa risiedere nel nostro cervello. Così come non è sensato lasciare che gli psichiatri continuino a 'sperimentare' le loro teorie e terapie su esseri umani viventi e non consenzienti.

Lo psichiatra Thomas SZASZ afferma da decenni che la malattia mentale è solo un mito, che non ha alcuna base scientifica e, soprattutto, che non serve a spiegare quello che succede *dentro* la testa o *nel* comportamento delle persone che si dice ne siano affette. Definire qualcuno un malato di mente, non ci dice niente sul suo stato, i suoi sentimenti, i suoi bisogni, serve a giustificare solo ciò che gli verrà fatto.

Nessuno dei sintomi che la psichiatria afferma essere caratteristici della malattia mentale ha a che fare con il modo in cui funzionano gli organi dei suoi pazienti. Nessuno di questi sintomi può essere rivelato da indagini strumentali, analisi chimiche, radiografie...per il semplice fatto che le evidenze su cui si basa la diagnosi di malattia mentale si riferiscono a quanto le persone dicono o pensano di se stesse e a quanto gli altri dicono o pensano di loro.

Non si è malati di mente per il fatto di dire di essere Napoleone. Lo si è solo se gli altri intorno non condividono questa nostra opinione. Il fatto di essere definite persone sane o malate di mente non dipende da qualcosa che non va nel nostro cervello, ma dal modo in cui gli psichiatri valutano il nostro modo di agire. A loro volta gli psichiatri, nell'esprimere i loro giudizi, non si basano su criteri scientifici o prove mediche, ma su ciò che il senso comune ritiene accettabile (o meno) in un dato momento storico.

Non c'è malattia mentale o idea patologica che non sia stata considerata in passato normale o che non lo possa diventare col tempo. Pensiamo a tutte le esperienze visionarie su cui si fonda gran parte della nostra cultura e della nostra concezione del mondo, che oggi vengono considerate malattie allucinatorie; oppure alle migliaia di donne internate e lobotomizzate perché affette da follia morale, malattia mentale che le faceva sragionare a tal punto da pensare di poter abbandonare i loro mariti. La psichiatria per anni ha internato e curato chi si masturbava, chi viveva la sua sessualità in maniera consapevole, chi era di pubblico scandalo...

La scelta di ciò che va definito malattia mentale è culturale. Le malattie mentali non vengono debellate. Semplicemente smettono di essere considerate tali e diventano modi accettabili di esistere. Si veda ad esempio il caso della scelta omosessuale, per anni definita sintomo di malattia mentale e oggi ad un passo dall'essere riconosciuta giuridicamente come opzione familiare.

Si potrebbero fare migliaia di altri tragici esempi della funzione di copertura ideologica che la psichiatria dal suo nascere ha svolto. Essa fornisce infatti una teoria e strumenti efficaci per neutralizzare e tenere sotto controllo esperienze, comportamenti e persone che, a vari livelli, mettono in crisi l'ordine mentale, familiare e sociale in cui viviamo.

Accade così che persone spesso miti vengano definite come una minaccia e trattati come pericolosi criminali. In realtà essi costituiscono una minaccia loro malgrado. Non c'è infatti niente di pericoloso *in* loro. Il problema è *fra* di noi.

Che tipo di minaccia costituisce Augusto fermo davanti al suo muro in attesa? Quale richiesta di aiuto muove i medici e quale pericolo spinge i vigili urbani ad intervenire? Nessuno. Augusto ha semplicemente scelto di abbandonare ogni cosa e cercare da eremita una sua verità. Ciò che un tempo era ricerca di santità, oggi è puro delirio. Eppure la sua storia è simile a quella di S.Paolo sulla via di Damasco. Augusto ha visto la luce e dio gli ha parlato. Gli ha detto ciò che ha sempre detto a tutti i santi e i mistici di ogni epoca e luogo. E Augusto ha risposto come hanno fatto tutti.

Anche Giorgio ha parlato con dio, in una fredda notte d'inverno di 40 anni fa. Lui gli aveva indicato la terra promessa e comandato di raggiungerla. Aveva tentato di farlo, ma lo avevano fermato, arrestato e condotto nel manicomio in cui è invecchiato.

E' leggittimo ipotizzare che il cervello e i sensi di Augusto siano alterati al punto da stravolgere la sua percezione della realtà. Ma questo vale per ogni percezione, idea e comportamento umani. Non c'è nessuna ragione scientifica o medica per dire che il cervello di Augusto sia malato e quello di E. MONIZ, premio nobel per la medicina per l'introduzione della lobotomia fra le pratiche terapeutiche, sano. Un'idea o una scelta possono essere condivise o meno, giudicate morali o immorali, penalmente rilevanti o irrilevanti, sacre o blasfeme... ma non si può sensatamente considerarle *sane* o *malate*. Le idee non sono sintomi del funzionamento cerebrale. Non è il cervello a pensarle. Così come non è l'adrenalina a farci battere il cuore e a mandarcelo in gola quando ci innamoriamo.

Dire che esiste una cosa chiamata 'malattia mentale' significa appunto che qualcosa nella nostra biochimica o nella nostra storia fa sì che noi pensiamo delle cose che altri giudicano insensate. Funzionava bene il cervello di chi pensava che la terra fosse piatta e il sole le girasse intorno? La nostra risposta è che sbagliava, che gli mancavano strumenti e conoscenze per poter elaborare un'idea precisa sulla natura delle cose. E cosa pensiamo della biochimica cerebrale dello psichiatra che

17

osservando i metodi di uccisione dei maiali sperimentò per primo l'elettroshock? Crediamo forse che questa idea sia stata partorita da una mente malata? O piuttosto parliamo anche qui di errore, di sperimentazione, di sbagli sul cammino della conoscenza?

Su Augusto invece non abbiamo dubbi. Quello che dice è frutto di una biochimica alterata. Egli non si sbaglia, nè ha ragione : è gravemente ammalato.

In linea di principio non c'è alcuna differenza in questi esempi. Tranne per il fatto che la storia ha mostrato l'errore della concezione della terra come centro dell'universo e l'orrore della pratica dell'elettroshock in medicina, mentre nessuno può ragionevolmente o scientificamente dimostrare che Augusto non abbia ragione.

In genere definiamo i pensieri patologici come pensieri indimostrabili che producono sofferenze a chi li pensa e in chi l'ascolta. Se accettiamo di applicare questa definizione ad Augusto, dobbiamo prima applicarla agli psichiatri che hanno praticato la lobotomia e l'elettroshock, o che oggi prescrivono gli psicofarmaci e formulano diagnosi di malattia mentale. Tutte le azioni di uno psichiatra, dalla definizione al trattamento della malattia, si basano su idee indimostrate e su giudizi morali. Non solo. Esse sono state (e sono) fonte di sofferenze e violenze inaudite nell'esistenza delle persone a cui sono dirette.

Possiamo sensatamente pensare che non ci siano limiti alle possibilità di percezione umana. Così come che non occorra che le cose siano visibili per essere reali.

In questa stanza, ad esempio, non viste si accavallano onde sonore che non sono in grado di percepire, suoni e parole di gente concreta che si scambia messaggi e emozioni via radio. Accadono cose concrete intorno (e dentro di) me, ogni attimo senza che io riesca a vederle o sentirle. In questo istante il mio cuore ha pompato il mio sangue in circolo: non c'è niente di più stramaledettamente reale di questo per noi, eppure ci è invisibile.

Potremmo dire che ciò che c'è di più essenziale per la nostra sopravvivenza fisica e psichica non è alla portata dei nostri sensi. Così come sfugge alla nostra percezione ciò che muove e da senso alle nostre esistenze. Esperienze come quelle emotive, sentimenti come odio e amore, idee come libertà e razzismo, non sono cose, non hanno corpo, consistenza, realtà fisica, eppure riescono a muovere e a determinare le nostre scelte, la nostra storia, i nostri corpi.

La realtà dei nostri sentimenti non ha niente da invidiare ai cataclismi naturali a cui possiamo andare incontro. Il sentimento è elemento costitutivo della nostra realtà di esseri umani al pari delle cellule viventi.

Non è reale solo quello che facciamo, ma anche quello che pensiamo o che sentiamo. La sensatezza del nostro agire non sta nei nostri comportamenti ma nelle motivazioni o giustificazioni che sappiamo trovare. Il fatto che Augusto di notte rimanga al freddo davanti ad un muro non ci sembrerebbe insensato se lui fosse una sentinella militare. Se Augusto si comportasse così in risposta all'ordine di un'autorità costituita il suo comportamento non darebbe adito a dubbi di patologia. Potrebbe sganciare la bomba su Hiroshima, passare coi cingolati sui corpi indifesi dei giovani di piazza Tienamen, partecipare al massacro degli indios dell'Amazzonia. In nessun di questi casi sarebbe chiamato 'malato'. Correrebbe più rischi di psichiatrizzazione se si rifiutasse di obbedire a quegli ordini o, peggio, se si pentisse di averlo fatto. E' emblematico il caso dell'aviatore di Hiroshima. 'Sano di mente' fino al momento del massacro. 'Malato' dopo perché oppresso dal senso di colpa.

Cosa c'è di normale e sensato in questo nostro modo di ragionare? E può bastare dire, per affermare che noi abbiamo ragione e Augusto torto, che pochi abbandonano tutto per vivere da barboni, che nessuno lo trova sensato, che nessuno lo accetta?

Proviamo ad usare una metafora.

> " Da un punto di osservazione ideale si può osservare da terra una formazione di aeroplani. Può darsi che un aeroplano sia fuori formazione; ma l'intera formazione può essere fuori rotta. L'aeroplano che è 'fuori formazione' può essere anormale, in errore o 'impazzito' dal punto di vista della formazione; ma la formazione stessa può essere in errore o 'impazzita' dal punto di vista dell'osservatore ideale. Inoltre l'aereo che è fuori formazione può essere più o meno fuori rotta di quanto lo sia la formazione stessa ". (R. D. LAING 1980, pag. 118)

Il punto di vista della psichiatria è quello che riguarda la nostra posizione nella 'formazione'. Siamo considerati normali se stiamo al nostro posto nella formazione, indipendentemente da ciò che facciamo e dal luogo verso cui andiamo.

Un punto di vista diverso potrebbe leggere quell'anomalia come una ricchezza della formazione, un'esplorazione delle possibili rotte e delle possibili mete che essa può proficuamente intraprendere. Purtroppo la nostra normalità non sembra attrezzata ad accettare le differenze e a valorizzarne gli aspetti evolutivi. Tutti i nostri sforzi sono tesi a tenere unita la formazione anche se essa ha perso la bussola, la rotta e non ricorda più la meta che doveva raggiungere.

"Se la formazione si trova fuori rotta, l'uomo che sa veramente rimettersi 'in rotta' deve lasciare la formazione". (R. D. LAING 1980, pag. 119)

Nessuno lo fa con l'intento di non tornare più in formazione. In realtà è la formazione stessa che si ricompatta al punto da non permettere alla persona di rientrare. Più avanti cercherò di fornire alcune coordinate a coloro che vagano nello spazio infinito che c'è aldilà della formazione. Informazioni trasmesse dagli altri veicoli dispersi e dalle loro radio di bordo che continuano a trasmettere inascoltate il loro S.O.S.

La diagnosi di 'malattia mentale' è quindi solo una questione di punti di vista. I pazienti psichiatrici stessi concordano spesso coi loro carcerieri circa la natura patologica dei comportamenti dei loro compagni di prigionia. Siamo tutti molto puntuali a riconoscere la follia altrui. Stentiamo, o ci è impossibile, riconoscere in noi la stessa irrazionalità. Il punto di vista del paziente e dello psichiatra si identifica quando si tratta di valutare altri. Diverge quando lo psichiatra passa a valutare il suo comportamento. La contraddizione è soltanto apparente e non ha niente a che vedere con la non coscienza di malattia di cui parlano gli psichiatri. In realtà Augusto dice di non essere 'malato' perché non avverte in lui i sintomi che ha imparato essere caratteristici della malattia mentale. Non si sente confuso, non soffre, è cosciente di tutto ciò che gli accade, sa quello che vuole e agisce di conseguenza. Se assumiamo il suo punto di vista personale non esiste niente che assomigli alla malattia mentale in ciò che vede, pensa o fa. Per lui tutto è chiaro. Sono gli altri semmai ad apparirgli strani e incomprensibili.

Se assumessimo come prioritario e inaggirabile il punto di vista delle persone con cui veniamo a contatto, avremmo chiaro che ciò che chiamiamo incomprensibilità non è altro che incomprensione. Tranciando via, come fa la psichiatria, la verità dell'esperienza soggettiva, noi creiamo solo dei mostri incomprensibili e inquietanti. Esseri imprevedibili da cui non sappiamo più cosa aspettarci.

Aurora ha costruito la sua identità e il suo punto di vista sul mondo a partire da ciò che la nostra cultura considera reale, accettabile e possibile. E' una di noi. Pensa come una di noi. Applica le nostre stesse categorie, usa la nostra stessa razionalità, gli stessi principi di causalità... Forse sta qui, in questa appartenenza al reale, la radice di tutti i suoi guai con la psichiatria.

Aurora viene internata e curata perché ossessionata dalle voci di vicini che le parlano da ogni angolo della casa. Per farli smettere ha pensato di denunciarli, di chiedere giustizia e protezione alla polizia. Il risultato è che si è ritrovata lei prigioniera, accusata di schizofrenia e delirio di persecuzione. Quello che ha fatto non è una follia. E' solo un modo *razionale* di rispondere ad un'esperienza *impossibile*. Siamo preparati ad affrontare vicini fastidiosi, rumorosi e invadenti. Ma nessuno ci ha mai insegnato cosa fare quando questi, in una qualche maniera che ci è sconosciuta, assumono il controllo della nostra casa, degli elettrodomestici o addirittura dei nostri cari. Paradossalmente è l'uso della nostra razionalità che ci fa sembrare folli.

Non c'è dubbio che Aurora, a differenza di Augusto, soffra maledettamente di questa invasione non richiesta dei vicini nella sua vita. Ma il trattamento che le si riserva non differisce per niente da quello proposto per Augusto. Per la psichiatria non c'è alcuna differenza fra loro. Sono affetti dalla stessa patologia, hanno bisogno dello stesso aiuto.

Ma di cosa soffre Aurora? Se si sta ai fatti e ai suoi vissuti, lei si dispera nell'essere indifesa di fronte all'attacco feroce dei suoi persecutori. Soffre di non essere creduta dai suoi familiari, del senso di spossatezza e vuoto che gli danno gli psicofarmaci, dell'essere rinchiusa e trattata come una povera pazza... La diagnosi e il trattamento psichiatrico non solo non la proteggono dai suoi aguzzini, ma le chiudono anche tutte le vie d'uscita.

La psichiatria è incapace di sentire e capire la sofferenza di Aurora. E' incapace di rispettarla e di affrontarla Nella logica psichiatria *non si può* soffrire realmente di una cosa che non esiste. Non esistendo il persecutore non esiste neanche la paura e il terrore che Aurora prova. Lei crede di essere perseguitata, quindi *immagina* di soffrirne.

La psichiatria è quanto di più lontano c'è dalla possibilità di lenire le sofferenze psichiche di un essere umano. Intanto perché non le riconosce come tali, poi perché non le considera reali ma frutto di alterazioni cerebrali. Definendo malattie i nostri sentimenti, noi eliminiamo e non diamo credito al vissuto delle persone. Aurora potrà quindi gridare per giorni straziata dai suoi persecutori, chiusa in una stanza di ospedale, senza che nessuno si senta *realmente* toccato dalla sua sofferenza. Senza che nessuno muova un dito, chiami i carabinieri, mandi via coloro che la vogliono uccidere. L'unico intervento sarà quello di impedirle di urlare.

Usiamo dire che i pazienti psichiatrici stanno male. Lo diciamo di Aurora ma anche di Augusto. Vogliamo fondamentalmente dire una cosa diversa da 'soffrono'. Affermiamo che si comportano in un modo o fanno delle scelte di cui non sono consapevoli e che, se sani, non farebbero. Stare male è sinonimo di 'non essere in sè'. A sua volta 'non essere in sè' si può tradurre in 'non essere come gli altri ci vedeono o si aspettano che siamo'.

Il terrore di Aurora non conta. Conta molto di più l'angoscia dei suoi familiari. Conta il fatto che per tentare di vincere questa sua battaglia impossibile, Aurora smetta di accudire alla casa, di lavarsi, di cucinare.

La gioia di Augusto non conta. Conta solo l'ansia della madre per quello che può succedere al figlio. Conta il fatto che, per seguire la sua strada, egli abbia abbandonato la sua casa, i suoi averi e la sua identità sociale.

L'unica sofferenza a cui risponde la psichiatria è quella dei nostri cari che non accettano, non tollerano, non comprendono che siamo cambiati e che, nel bene o nel male, non siamo più gli stessi.

La persistenza del concetto di 'malattia mentale', aldilà della sua inconsistenza scientifica e degli effetti alienanti che produce, si deve proprio alla possibilità di far fronte a queste inquietudini socio-familiari. Se Augusto è un malato di mente, allora possiamo non rispettare le sue scelte, non credere a quello che dice, obbligarlo a tornare a casa. Se Aurora è malata di mente, quello che dice non ci riguarda, se ci accusa sta delirando, se si dispera immagina tutto.

La 'malattia mentale' ci protegge dal contagio e dal confronto coi nostri cari. Ci aiuta a non dar credito a quanto dicono e a prendere decisioni per loro conto. Senza questa copertura dovremmo imparare a fare i conti con tutte quelle esperienze e vissuti che mettono in dubbio la realtà fisica e psichica in cui viviamo e la normalità che rivendichiamo come fosse un fatto naturale.

In realtà vale per la cosiddetta malattia mentale quanto scrive R.D. LAING sulla schizofrenia:

> " Nessuno ha la schizofrenia, nel senso che intendiamo quando diciamo che uno ha il raffreddore. Il paziente non ha la schizofrenia: è schizofrenico " (R. D. LAING 1969, pag. 21)

Non abbiamo di fronte una personalità alterata da qualche fattore esterno o preda di qualche processo patologico, ma una persona che *è* quello che dice, quello che pensa e quello che fa. Curandola della schizofrenia noi non svolgiamo un'azione sanitaria, semplicemente cerchiamo di impedirle di essere quello che è. Se ciò è comprensibile, non è tollerabile la mistificazione che operiamo con la copertura della psichiatria.

Dovremmo dire le cose come stanno, ammettere la nostra inquietudine e lo smarrimento che proviamo di fronte a Cesare disteso per terra o ad Antonio che parla con gente che non vediamo. E invece affermiamo di sapere cosa gli accade e di cosa hanno bisogno e, quel che è peggio, agiamo di conseguenza.

Di questa presunzione, di questo errore, di questa paura si nutre l'orrore psichiatrico.

PERICOLOSO A SE STESSO E AGLI ALTRI
storia di un pubblico scandalo

> *"In realtà uomini chiamati chirurghi del cervello hanno ficcato coltelli nel cervello di centinaia di migliaia di persone negli ultimi venti anni: persone che probabilmente non avevano mai usato un coltello contro nessuno".*
>
> (R. D. Laing)

Non c'è sentimento più forte della paura per legare insieme le persone e farle partecipare ad un massacro. Non ha nessuna importanza che essa sia sensata o motivata. Al contrario, più è irrazionale e più riesce ad unirci e a farci agire.

Esistono persone che ci fanno paura per quello che fanno, altre per quello che riteniamo potrebbero fare. Gli psichiatri sono fra i primi, i loro pazienti fra i secondi. Fra i due mali preferiamo che gli psichiatri continuino a fare male ai pazienti, pur di essere sicuri che essi non faranno mai male a noi.

Sappiamo che questo è impossibile per definizione. Un *raptus di follia* è infatti tale perché imprevedibile. Chiunque, in qualunque momento, potrebbe perdere la testa e lanciarsi con la sua auto contro l'ordinato e indifferente ordine delle cose. Nessuno probabilmente potrà mai impedire che le persone si uccidano o uccidano per amore o gelosia. Nessuno estirperà mai la passione che ci lega gli uni agli altri o spegnerà il fuoco che brucia dentro ogni essere umano.

La possibilità di farsi o fare male non è prerogativa di alcun essere umano in particolare, chiunque di noi, date certe circostanze, può usare il suo corpo e la sua mente per procurare dolore (o piacere) a se stesso o ad altri. Non esistono persone pericolose, ma situazioni in cui possiamo esserlo.

Si può poi scegliere o essere costretti a diventarlo. E' quello che succede a centinaia di migliaia di esseri umani che tentano di sfuggire alla loro distruzione fisica e psichica dentro i reparti psichiatrici. Aggrediscono il personale, si strappano le flebo, rompono porte e finestre, nel disperato tentativo di scappare. Sono pericolosi? O cercano solo di sopravvivere? La maggior parte di loro non farebbe mai del male a nessuno, né l'ha mai fatto, eppure si ritrova prigioniero, controllato a vista e impedito nella sua libertà, come il peggiore dei criminali.

Nessuno di noi accetterebbe di essere trattato come noi trattiamo i matti: eppure tutti riteniamo che essi dovrebbero essere contenti del trattamento che riserviamo loro. E' fuori di dubbio che una persona a cui non si dà credito né ascolto, che non ha voce in capitolo sulle scelte che lo riguardano, che è coattata, a cui si impedisce di essere e fare ciò in cui crede, che è oggetto di scherno o di pietà, può reagire a questa situazione alzando la voce o lanciando sassi contro le porte dei vicini. Questi comportamenti non sono *sintomi* di alcuna malattia, ma azioni esasperate di un essere umano trattato come fosse una cosa.

Partiamo dal fatto che

> "*Se la nostra esperienza è distrutta, il nostro comportamento sarà distruttivo* ". (R. D. LAING 1980, pag. 25)

e cerchiamo di accettare il fatto che non possiamo aspettarci niente di meglio di una resistenza attiva, da parte di coloro che vorremmo ridurre a esseri senza volontà e capacità di scegliere. Stupirci nei confronti della violenza dei pazienti psichiatrici è un atto di pura malafede. Vuol dire tentare di negare l'evidenza della violenza implicita nel modo in cui ci prendiamo *cura* di loro. Questa nostra cecità nasce dal fatto che crediamo fermamente che non possa esistere altra realtà se non quella condivisa. Non siamo diversi da coloro che mandarono al rogo Giordano Bruno o minacciarono Gallileo. Non siamo diversi dai membri del Tribunale della Santa Inquisizione. Siamo ancora qui a condannare quanti pensano o vivono in maniera inaccettabile. Ancora qui a dire che sono *posseduti* e che solo noi possiamo liberarli. Ancora una volta li liberiamo *dal* loro corpo, *dalla* loro mente e *della* loro vita.

Non giustifico, né condivido la violenza, dico solo che non è ragionevole trovare *insensato* che un paziente involontario assesti un destro ad un vigile urbano o, peggio ancora, dire che non era in sé in quel momento. Questo voleva fare. Questo probabilmente avrebbe fatto anche il vigile urbano se si fosse trovato al suo posto.

Non capiremo mai tutta la resistenza che i pazienti psichiatrici oppongono alla loro *cura*, finché non capiremo che la cura può essere molto più distruttiva del male che intende curare. Irene forse può tentare di difendersi dall'assalto dell'Essere Invisibile che la perseguita da quando era solo una bambina, ma niente potrà contro gli esseri umani ragionevoli e reali che non le credono e che la chiudono in una stanza con il Mostro. L'Essere potrà anche impedirle di fare una vita normale, ma la psichiatria gliela precluderà per sempre.

I comportamenti non sono sintomi di malattia. La presunta incomprensibilità e imprevedibilità dei comportamenti dei pazienti psichiatrici, in realtà è solo frutto della nostra incomprensione e del nostro rifiuto di dar loro il credito e l'aiuto che chiedono. Irene non urlerebbe e non graffierebbe la madre, se lei smettesse di porgerle quel bicchiere di tranquillanti e cercasse invece di ascoltarla e di tranquillizzarla. Cesare non tenterebbe di buttar giù la porta del reparto se lo lasciassero uscire. Alessandro non distruggerebbe l'auto del sindaco se questi provasse ad ascoltarlo e a rispondere alle sue richieste.

La stragrande maggioranza delle insensatezze e della pericolosità che imputiamo ai pazienti psichiatrici, in realtà va imputata al modo in cui essi vengono trattati. Ciò spiega anche alcune costanti che ci sembra di poter individuare nel loro comportamento. Un paziente *tipico* è il risultato di un modo *tipico* di trattare le persone così definite. In realtà non c'è alcuna cosa che unisca le vittime psichiatriche, se non il fatto di esserlo. La psichiatria è l'unica cosa che li unisce, così come unisce gli psichiatri fra di loro.

A rigore ciò che una persona fa può essere imputato solo a lei, a meno che essa non agisca in nome di un mandato conferitole da altri. Così di ogni ebreo trucidato nei campi di sterminio risponde il militare che materialmente preme il grilletto, ma anche colui che dà l'ordine e la società che delega ad essi la gestione dello sterminio. Analogamente di ogni lobotomia risponde lo psichiatra che l'ha praticata, ma anche la psichiatria che l'ha teorizzata e la società che ha permesso ciò.

Non si può imputare invece, come usualmente si fa, il gesto disperato e individuale di un uomo alla follia. Non solo perché tutti i comportamenti umani sono sensati, ma soprattutto perché, così facendo, noi imputiamo quell'atto a tutti coloro che così definiamo. Se una generalizzazione del genere è lecita nel caso degli psichiatri che agiscono in nome di una ideologia che è loro comune, è irragionevole pensare che l'assassino di John

Lennon possa avere qualcosa in comune con l'uomo che spara e uccide la madre.

Intendo dire che se è lecito, analizzando i fatti, formarsi l'opinione che gli psichiatri siano pericolosi, non abbiamo nessun elemento oggettivo per dire che lo siano i loro pazienti. Non nego che alcune fra le persone diagnosticate dalla psichiatria hanno commesso, commettono o commetteranno, orrendi delitti. Affermo soltanto che questi nascono dalla storia, dalle esperienze e dalle relazioni delle persone che ne sono coinvolte, riguardano loro e non possono essere imputati ad altri.

L'analisi dei fatti ci dice che abbiamo le stesse probabilità di essere uccisi da una persona ritenuta sana, così come da una diagnosticata malata di mente. La pericolosità, come si vede, non è una caratteristica propria dei matti, ma degli esseri umani.

Per capire il perché un'opinione così infondata, come l'idea che i pazienti psichiatrici siano pericolosi, si sia imposta e mantenuta contro ogni logica e ogni riscontro oggettivo, dobbiamo risalire alla nostra paura di ciò che crediamo incontrollabile. Ma non solo. Questo concetto è servito, e serve tuttora, a giustificare l'imposizione coatta dei trattamenti psichiatrici e la stessa esistenza della psichiatria. Fino a che essa riuscirà a convincerci dell'esistenza di questo *nemico* invisibile, inquietante e incontrollabile che è la malattia mentale, riuscirà a farci ingoiare, seppure a malincuore, ogni assurdità e ogni orrore.

Se non avessimo paura di ciò che potrebbe succedere (di ciò che ci dicono certamente succederà) se smettessimo di usarle, certamente avremmo abbandonato le pratiche psichiatriche già da diversi decenni. Invece continuiamo a dare credito ad una scienza che in cento anni ha dimostrato tutto il cinismo, la superficialità, il disprezzo per l'uomo di cui si può essere capaci.

Il terrore per ciò che un folle può farci, è correlato all'idea che egli non sappia quello che fa. Così come non diamo ascolto a quanto dice, così non consideriamo reali le sue azioni. Cesare *non vuole* stendersi per terra. Carmelo *non vuole* insultare sua madre. Francesca *non vuole* staccarsi la flebo. Sono tutti *agiti* dalla malattia che fa far loro cose che non vogliono fare.

Questa irresponsabilità, una volta applicata ad una persona, fà sì che essa venga individuata come qualcuno da cui ci si può aspettare di tutto, anche che si comporti normalmente. Non sono le sue azioni a parlare per lui, ma il *pre*giudizio degli altri. Potrà essere un cittadino modello, ma da lui occorrerà sempre guardarsi. Non gli si dovrà mai voltare le spalle, come mi suggeriva un operatore esperto di un reparto di psichiatria.

E' chiaro che se crediamo che le azioni di una persona derivino dalla *malattia* da cui è affetto, allora penseremo che non c'é nessuna logica in quello che fa e, soprattutto, che niente di quanto possiamo dire o fare ha influenza o correlazione con quanto accade. Nel tentare di annullare l'azione e il pensiero dell'altro, noi creiamo i *mostri* di cui poi affermiamo di aver terrore e di voler controllare.

Spesso si è accusato T. SZASZ di voler assolvere con la sua idea circa l'inesistenza della malattia mentale, i vari mostri che popolano i nostri sogni e la nostra realtà. Niente di più strumentale. Nei fatti è il concetto di malattia mentale che rende *irresponsabili* e *non imputabili* i mostri.

Non essere malati di mente, non significa necessariamente essere buoni o avere ragione. Se si dimostra che hanno commesso le atrocità di cui li si accusa, essi vanno condannati nello stesso modo con cui condanniamo gli stragisti, anche se diciamo che sono mossi da una logica, seppur del terrore.

Non riconoscere una *logica* dietro certi delitti, serve soltanto a non confrontarci con loro, ad allontanarli e a renderli estranei alla nostra vita. La perizia psichiatrica serve ad evitare di verificare i fatti, confrontarsi con i moventi, formulare un giudizio. La perizia chiude il processo e, con esso, la possibilità di capire perché, a volte, possiamo diventare così pericolosi da attentare alle cose che abbiamo di più care. Il fatto che la risposta ci faccia paura, non giustifica che sia meglio nonvedere o noncapire, perché è questo atteggiamento che genera i mostri.

Affermare che il mostro di Firenze, ad esempio, non è malato o che il suo comportamento ha un senso, non significa certo assolverlo. Al contrario. Se non è *malato di mente*, egli deve rispondere pienamente dei suoi atti.

La vera remora che abbiamo ad accettare quella che per SZASZ è un'evidenza, è il fatto che ritenendo il mostro di Firenze un criminale come altri, mosso da motivazioni più o meno condivisibili, più o meno accettabili, lo si renda di fatto troppo simile a noi. Si riconosca cioè la continuità fra noi e il mostro.

L'imperativo non è condannare il mostro. Quello che vogliamo è che si affermi che solo una mente malata, anomala, alterata, può pensare e commettere quei crimini.

La storia ci ha dimostrato che non è così. Persone considerate perfettamente normali si sono rivelate, in certe situazioni, dei mostri altrettanto crudeli e insensati. Succede nelle guerre, è successo nei manicomi e succede in ogni luogo in cui alcune persone hanno il potere di decidere della vita di altre.

Ma in questa trappola della *non imputabilità* non cadono solo, come comunemente si pensa, i mostri veri o presunti che compiono orrendi delitti, ma in buon numero persone che sono accusati di reati come offesa o resistenza a pubblico ufficiale, delitti contro l'incolumità pubblica, delitti contro la moralità pubblica e il buon costume... L'essere prosciolti dalle accuse affermando che al momento dei fatti non si era capaci di intendere e volere, non è un regalo. E' l'inizio di un inferno, se si può, ancora peggiore del manicomio e del carcere: l'internamento in ospedale psichiatrico giudiziario, ex *manicomio criminale*.

Il paradosso è che in questa nostra ansia di negare coscienza e volontà alla violenza dei folli, siamo noi a produrla. Continuando a negarne le ragioni, noi spingiamo le persone a gridare sempre più forte, a cercare di farsi sentire per non farsi cancellare.

Il modo più sensato di far smettere una persona di essere pericolosa nei confronti dei propri familiari, ad esempio, potrebbe essere ascoltarne le ragioni e cercare una mediazione fra i suoi bisogni e quelli degli altri. Nessuno di noi alzerebbe un dito contro qualcuno se non ritenesse di far ciò per difendere un diritto o difendersi da una minaccia, o se non pensasse di non avere altra strada per farsi ascoltare e rispettare. Molti diventano violenti anche perché pensano realmente che non ci sia più niente da fare e che tanto vale che muoia Sansone con tutti i Filistei. Decisioni drammatiche come queste non nascono da una mente *malata*: sono il risultato di una storia di rapporti, violenze, assurdità in cui siamo coinvolti tutti.

La violenza non sta *dentro* qualcuno, ma sempre *fra* di noi.

Giuseppe è stato prosciolto dal reato di tentato omicidio. Ha fatto i suoi anni di manicomio criminale con l'accusa di aver tentato di uccidere la sorella con un coltello. Il fatto non è in discussione. Giuseppe ha ammesso di aver colpito la sorella. Afferma che lei lo esasperava, si rifiutava di farlo uscire dal manicomio in cui era rinchiuso. In quel momento *voleva* farle del male, voleva che smettesse di insultarlo, che non lo condannasse ancora una volta a rientrare là dentro.

Cos'è la violenza? Sicuramente il coltello di Giuseppe. Ma che dire della violenza dell'internamento? Dell'arbitrio con cui si è deciso della sua vita, delle sue relazioni, della sua storia? Chi di noi si lascerebbe morire in un manicomio senza reagire, senza tentare di uscirne? E come? Pregando, implorando, strisciando? Fino a che punto si può arrivare prima di decidere di farla finita con noi stessi o con gli altri?

Anni fa mi ha colpito la storia di un paziente psichiatrico che ha sparato e ha ucciso un infermiere che si recava a casa sua per ricoverarlo. Qui la follia è data dal fatto che la sua risposta appare sproporzionata rispetto alla violenza subita. L'infermiere, poi, stava facendo solo il suo dovere. Non riconosciamo in lui alcuna volontà persecutoria o violenta nei confronti del paziente.

Un'altra delle mistificazioni operate dalla psichiatria è appunto quella di fare della *violenza* e dell'*abuso* oggetto di attività professionale. La stragrande maggioranza degli operatori della salute mentale appare inconsapevole di ciò che *realmente* fa, per cui non può che trovare immotivata qualsiasi resistenza o risposta esasperata dei suoi utenti.

Non conosco il paziente che ha sparato all'infermiere, conosco Giuseppe e ho imparato che le cose non stanno come ci piace immaginarle. Se mettessimo da parte la malattia e li giudicassimo per quello che hanno fatto, potremmo forse vedere di quanta violenza è fatta la nostra *normalità* e, nel condannarli, potremmo condannare anche noi stessi, la parte che abbiamo, le colpe e i delitti di cui ci macchiamo.

La sorella di Giuseppe o l'infermiere non sono *colpevoli*, ma non sono neanche *innocenti*. Nessuno lo è.

Se smettessimo di trovare *normale* costringere le persone dentro luoghi o in vite che non hanno scelto, forse cominceremmo a trovare *normale* ciò che fanno per sfuggire alle nostre cure e alle nostre attenzioni. Se smettessimo di farlo, forse smetteremmo di essere vittime e carnefici allo stesso tempo. Nessuno di noi è, infatti, vittima della follia, lo siamo tutti della normalità.

MAL/TRATTAMENTI PSICHIATRICI

"Alcuni pazienti hanno trovato aiuto all'interno del sistema psichiatrico. Sono anche stati rinvenuti degli aghi nei pagliai, ma questo non suggerisce certo che i pagliai costituiscano dei buoni posti dove riporre gli aghi ".
(Judy CHAMBERLIN)

Stefano mi racconta una storia. C'é un reparto psichiatrico da qualche parte a Roma, dove i medici impongono ai ricoverati di assumere psicofarmaci previa recitazione di una formula. Devono dire *"Questa è la terapia"* e ingurgitare quanto viene loro dato.

E' molto importante per i medici di questo reparto che questo rituale venga osservato ad ogni assunzione. Se questa è la *terapia*, la cosa per cui ti tratteniamo è una *malattia* e noi che la pratichiamo *dottori*. La psichiatria si fonda tuttora su assunti e convenzioni di questo tipo. Quando gli psichiatri affermano che i loro pazienti sono *malati come gli altri*, in realtà intendono dire che loro sono *medici come gli altri*.

Sandro non ci sta. Dice agli infermieri che assumerà i farmaci solo se potrà dire *"Questa è la porcheria"*. In poco tempo il rituale viene stravolto dai ricoverati. Tutti usano la sua formula come si usa un antidoto contro un veleno. Poter chiamare le cose con il proprio nome è sempre stata un'esigenza di sopravvivenza per i pazienti psichiatrici. Sono infatti le parole e i giudizi degli psichiatri a condannarli.

Questa è la porcheria, questo *non* è reparto, io *non* sono malato e tu *non* sei un medico. Basta poco per mettere in ginocchio la presunta scientificità della psichiatria, il suo presunto rigore logico, le sue pretese terapeutiche. Basta guardare a ciò che *realmente* fa.

Parlare di *terapie* o *trattamenti* psichiatrici è improprio. Di fatto difficilmente questi termini possono essere usati per definire ciò che gli psichiatri fanno *su* e *dei* loro pazienti. Se la malattia che affermano di curare è solo *metaforica*, lo stesso non si può dire delle terapie che usano.

Da quale malattia è affetto Sandro? Cosa c'è di insensato in ciò che dice? Cosa ci fa ritenere più logico affermare che sia lui a soffrire di un *delirio di persecuzione* e non siano invece i medici a *perseguitarlo*?

La risposta sta in quello scambio fra *terapia* e *porcheria* che gli è costata una massiccia terapia del sonno e dell'oblio. Il suo delirio consiste, infatti, nel fatto di chiamare i farmaci *porcherie* o di definire i medici *carcerieri*.

Se e *quando* sarà dimostrato che gli psicofarmaci sono in realtà *porcherie*, il suo delirio diventerà paradossalmente opinione scientifica. E' già successo con le centinaia di migliaia di persone che ritenevano il loro internamento in manicomio come una minaccia alla loro integrità fisica e psichica, e che sono stati lobotomizzati per il loro rifiuto di entrarvi, per la loro resistenza alle terapie o per i loro tentativi di fuga. Oggi è opinione diffusa in ambito psichiatrico che bisogna dimettere e fare uscire le persone dai manicomi perché luoghi non terapeutici. Le stesse persone che hanno definito questa idea *delirante*, quando espressa da altri, oggi la assumono come obiettivo scientifico o rivoluzione culturale. L'Organizzazione Mondiale della Sanità assume questo 'delirio' come priorità di intervento e strategia per i servizi di salute mentale. Uscire dal manicomio si può, anzi si *deve*.

Già oggi, e da decenni, i pazienti psichiatrici affermano che gli psicofarmaci sono delle *porcherie*. Non sono i soli a pensarlo. Alcuni medici e psichiatri sono d'accordo con loro. Affermano in buona sostanza che Sandro ha ragione, e che imporgli le cure è un crimine contro la sua e la nostra umanità.

Il dott. Giorgio ANTONUCCI, ad esempio, scrive:

> " *Secondo l'analisi farmacologica, lo psicofarmaco viene classificato come 'neurolettico', oppure 'neuroplegico'. Si tratta in parole più semplici di un paralizzante delle funzioni nervose. (...)*
>
> *Praticamente ti iniettano sostanze chimiche che attaccano direttamente i collegamenti nervosi. Sono sostanze tossiche che avvelenano le cellule nervose nelle loro congiunzioni (sinapsi). (...)*" (G. ANTONUCCI 1986, pag. 217)

'Porcherie' può essere una buona traduzione popolare di quanto il dott. Antonucci afferma. Tanto più quanto più riflettiamo sul fatto che i 'tranquillanti':

> " *Erano farmaci scoperti perché servissero a coloro che s'interessavano al controllo e al condizionamento dei topi, rendendoli più trattabili e cooperativi. Gli agenti chimici che permettono di controllare i topi con maggiore efficienza vengono dati alle persone per lo stesso motivo...*" (R. D. LAING 1978, pag. 121)

A ben guardare tutte le *invenzioni* psichiatriche hanno origini altrettanto inquietanti. Una fra tutte: la pratica dell'elettroshock.

E' notorio che il suo inventore, il dott. Ugo Cerletti, si ispirò alle tecniche di macellazione dei maiali nel mattatoio di Roma.

> "Gli addetti al macello afferravano i maiali con un paio di grosse pinze a forma di forbici in prossimità delle loro orecchie. Le pinze erano collegate con dei fili all'impianto elettrico e terminavano in due dischi-elettrodi dentati racchiudenti una spugna imbevuta d'acqua. Nel venirne colti, i maiali cadevano sul fianco ed erano subito presi da accessi convulsivi. Allora il macellatore, avvantaggiandosi dello stato inconscio dell'animale, gli squarciava il collo, facendolo morire dissanguato ". (U. CERLETTI, cit. in R. D. LAING 1978, pag. 128)

Strana gente i medici. Di fronte ad un'orrendità simile, l'unica cosa che riescono a pensare è *come* e *se* applicarla agli uomini.

Ma torniamo agli psicofarmaci. Sandro trova altri riscontri *scientifici* nelle affermazioni dello psichiatra Peter BREGGIN. La prima di carattere medico:

> "E' ormai accertato, ed affermato anche dalla psichiatria ufficiale, che l'uso di psicofarmaci induce nei pazienti una malattia detta discinesia tardiva che comporta una notevole perdita del controllo sulle funzioni motorie del corpo. (...)
> ...la maggiorparte degli studi ora indica che un quarto, metà o più dei pazienti trattati con farmaci soffre di questa malattia ". (P. BREGGIN 1985)

La seconda di carattere storico-culturale:

" In Russia (almeno fino a qualche tempo fa) i dissidenti politici venivano ricoverati negli ospedali psichiatrici e trattati con psicofarmaci che distruggevano la loro capacità di pensare, di riflettere, persino di prendersi cura di sé stessi; questo è un fatto ben noto a tutti. Meno noto è invece il fatto che i farmaci impiegati in tali 'trattamenti' sono gli stessi usati altrove per i comuni 'malati di mente', primo fra tutti l'Haldol. Forse i farmaci che vengono usati in Russia per torturare i prigionieri politici hanno un effetto benefico sulle altre persone? Eppure gli psichiatri vogliono farlo credere ". (P. BREGGIN 1985)

Ancora una volta usiamo qualcosa di cui sono *certi* i danni, per curare qualcosa di cui non siamo affatto *certi*. Se non abbiamo prove dell'esistenza della schizofrenia, infatti, possiamo essere *certi* della discinesia tardiva. Così come *certi* e *documentati* sono i danni provocati al cervello, alla mente e all'esistenza di chi è sottoposto alle altre terapie psichiatriche.

Le pratiche psichiatriche risultano *insensate* fino a che le si inquadra nel campo della ricerca e della pratica medica. Tutto si chiarisce se accettiamo l'ipotesi che scopo della psichiatria non è quello di *curare* una qualsivoglia malattia, ma di *controllare* e *modificare* i comportamenti e il pensiero di individui che, per qualsiasi motivo, risultano inaccettabili e intollerabili ai loro simili. Visti da questa angolazione, tutti i trattamenti psichiatrici hanno una loro efficacia.

"Un giorno quando lui viene a casa, lei gli dice di sentirsi come voglia di urlare. Lui telefona al medico. Questi le fa un'iniezione e chiama un'ambulanza.

Viene portata in un sanatorio. Lei ha voglia di urlare.
Viene sottoposta a un regime di tranquillanti - le
viene ancora più voglia di urlare - e di elettroshock.
Le riviene voglia di urlare non appena scema la
scossa diretta dell'elettroshock.
Viene sottoposta a psicoterapia. Vengono smessi gli
elettroshock, continua con i tranquillanti ma ridotti,
più qualche altra cosa.
E' entrata tre mesi fa.
E' ancora ricoverata.
Sente tuttora voglia di urlare.
Non ha mai urlato ". (R. D. LAING 1978, pagg. 95-96)

Scopo della psichiatria è impedire che le persone si comportino in un modo che risulti, in un dato contesto o in un dato momento, inaccettabile. Per far questo, si sa, si può usare la *convinzione* o la *costrizione*. Il che, in termini psichiatrici, si traduce con la *psicoterapia* o l'*internamento*. Ma la psichiatria pratica anche una terza via. Cerca di distruggere *dal di dentro* la nostra possibilità di pensare e agire, agendo direttamente sul nostro cervello.

Il fine dichiarato è quello di asportare in maniera chirurgica solo *certi* pensieri e di neutralizzare solo *certi* comportamenti. In realtà non esiste (né può esistere) alcuna azione selettiva nelle terapie psichiatriche. Esse possono solo impedirci di agire, di pensare, di percepire, di ricordare, di essere.

Questo risultato può essere anche auspicato o ricercato da qualcuno: non si spiegherebbe se no la diffusione dell'uso di sostanze come l'eroina che mira a raggiungere lo stesso scopo. Ma certamente non può essere imposto a nessuno.

" Jimmy McKenzie, all'ospedale psichiatrico, era un maledetto scocciatore, perché se ne andava in giro gridando dietro le sue voci. Ovviamente potevamo udire la conversazione da un lato solo, ma ci si poteva fare un'idea generale, per lo meno da espressioni come: 'Andate a farvi fottere sudici bastardi...'

Fu deciso di alleviare al contempo le sue e le nostre sofferenze, facendogli il favore di una lobotomia. Si notò un miglioramento delle sue condizioni. Dopo l'operazione non andava più in giro urlando ingiurie contro le sue voci, ma: 'Che cosa? Ripetete! Parlate forte, maledetti, non riesco a sentirvi!' " (R. D. LAING 1982, pag. XI)

La terapia psichiatrica che, a mio avviso, incarna la natura inquietante dell'ipotesi psichiatrica e ne rappresenta al contempo l'essenza, è la lobotomia.

Non a caso essa è l'unica *scoperta* psichiatrica ad aver avuto il riconoscimento del nobel per la medicina. Come ogni altra terapia psichiatrica per decenni

- è stata praticata contro il consenso dei pazienti.
- è stata definita innocua ed efficace nella cura della malattia mentale.
- ha prodotto danni irreversibili nei cervelli di migliaia di persone in tutto il mondo.
- è stata denunciata come un orrendo crimine contro l'umanità.
- non è mai stata abolita o vietata per legge.
- tornerà ad affacciarsi sulla scena appena ciò sarà possibile.

La lobotomia, più che altre terapie, rappresenta *simbolicamente* e *materialmente* ciò che ci si aspetta dalla psichiatria. Un'azione diretta sul cervello dei pazienti per asportare definitivamente i centri del pensiero o dei comportamenti insani.

> *"La procedura consiste nello stordire i pazienti con uno shock e, mentre sono sotto l'effetto dell'anestetico, nello spingere con forza un coltello rompighiaccio fra il globo oculare e la palpebra attraverso il tetto dell'orbita, fino a raggiungere il lobo frontale; a questo punto si effettua un taglio laterale muovendo lo strumento da una parte all'altra "* (W. FREEMAN cit. in O. SACKS 1995, pag.101)

Anche qui sembra che E. Moniz, premio nobel 1951 per la medicina, fosse stato folgorato dagli esperimenti di asportazione dei lobi frontali condotti nel secolo scorso sulle scimmie. Anche qui ciò che interessava era la possibilità di rendere docili e ubbidienti le persone.

> *"I risultati raggiunti, naturalmente, non erano mai una vera 'guarigione', ma uno stato di docilità e passività lontano dalla 'salute' almeno quanto i sintomi attivi originari e che però, a differenza di quelli, non aveva più alcuna possibilità di risoluzione"* (O. SACKS 1995 pagg. 101-102)

La lobotomia uccide la vita psichica di chi vi è sottoposto in maniera irreversibile,riducendolo ad una vita vegetale. Eppure

"Il grande scandalo della leucotomia e della lobotomia cessò, al principio degli anni Cinquanta, non a causa di riserve o di mutamenti di tendenza nel mondo della medicina, ma perché in quegli anni si erano resi disponibili nuovi strumenti - i tranquillanti - che pretendevano (proprio come la psicochirurgia) di portare alla guarigione completa senza indurre effetti collaterali. Se poi, dal punto di vista etico e neurologico, ci sia una grande differenza fra psicochirurgia e tranquillanti, è una domanda inquietante che non è mai stata affrontata davvero". (O. SACKS 1995, pag. 102)

Gli psicofarmaci hanno avuto storicamente la funzione di sostituire, almeno temporaneamente e solo in parte, le tecniche psichiatriche più apertamente *crudeli*. Oltre la lobotomia, anche gli shock insulinici e l'elettroshock. Come fa rilevare SACKS, tale cambiamento non è dovuto al riconoscimento dell'insensatezza di tali tecniche, ma al reperimento di un'altra *terapia* capace di ottenere gli *stessi* risultati senza suscitare lo stesso allarme sociale.

L'uso di queste tecniche non si è mai fermato, né e stato vietato da alcuna legge in alcuna nazione del mondo.

"Perché si inietta insulina? Perché l'insulina è una sostanza che regola la presenza di zucchero-glucosio nel sangue. La regolazione del glucosio è di vitale importanza per le cellule, a cominciare dalle cellule nervose. Se la quantità di zucchero non è quella sufficiente e scende sensibilmente di livello, alle cellule nervose viene a mancare immediatamente il loro nutrimento, per cui si va in

coma. Ebbene, le iniezioni di insulina hanno lo scopo di spingere l'indomito ricoverato in uno stato comatoso, che è a tutti gli effetti riconosciuto scientificamente come stato premortale. Ovviamente ti mettono in coma e poi cercano di tirarti fuori, di riportarti cioè in vita dopo aver causato un forte squilibrio nelle tue facoltà cerebrali, ... E non c'è alcuna assoluta garanzia che dallo stato di coma si possa far rientrare sempre la vittima allo stato di conoscenza ". (G. ANTONUCCI 1986, pag. 221)

Perché mandare in coma le persone con l'insulina? Per lo stesso motivo per cui le attraversiamo con la corrente elettrica provocandolo loro convulsioni e danni al cervello: per cercare di farli smettere di pensare quello che pensano.

La psichiatria è uno *scandalo scientifico* all'interno della medicina. La ricerca scientifica da una parte afferma la complessità e l'assoluta inadeguatezza delle nostre conoscenze sul cervello umano, dall'altra permette alla psichiatria di mettere in pratica interventi chirurgici o chimici massivi su di esso, in maniera incontrollata e spesso contro il consenso dei suoi *pazienti.*

La storia antica e moderna dell'uso dell'elettroshock ne è un chiaro esempio. Nonostante i tentativi attuali di ricostruirne una verginità terapeutica, esso per anni è stato usato nei manicomi come strumento di controllo e di punizione dei ricoverati (cfr. A. PAPUZZI 1977). Oggi invece viene smerciato come miracoloso e innocuo antidoto alla depressione.

Potrà essere solo un pregiudizio comune a gente non incline alla logica medica, ma credo che nessuno di noi se la senta di affermare che il passaggio di energia elettrica attraverso il nostro cervello, possa essere definito *innocuo* o, addirittura, *terapeutico.* Sarà perché lo associamo a realtà tragiche come la sedia elettrica o le tecniche di tortura dei regimi militari, ma ci viene difficile credere che esista un modo o un risultato diverso nell'essere sottoposti al passaggio di energia elettrica attraverso il nostro corpo. Chiamiamolo *istinto di sopravvivenza*, ma è anche il risultato dell'osservazione sistematica di come questa e altre terapie hanno ridotto milioni di esseri umani in tutto il mondo.

Se poi vogliamo dare alla nostra naturale resistenza a riconoscere valore a tale pratica, anche una motivazione *scientifica*, non abbiamo che da consultare, fra gli altri, il testo di P. BREGGIN *Elettroshock. I guasti del cervello*, edito da Feltrinelli. In esso l'autore spiega con esempi e ricerche sul campo, i motivi che lo inducono a chiedere la messa al bando e il divieto legale di usare l'elettroshock come forma di terapia.

> *"Il paziente che decide di sottoporsi all'elettroshock dovrebbe essere informato, e avere chiara nozione, dei seguenti punti:*
>
> 1. *Il trattamento, eseguito su animali, produce di freguente gravi lesioni cerebrali; in un significativo numero di casi il danno è permanente. Anche le autopsie umane e gli studi sulle onde cerebrali umane rivelano, in molti casi, la presenza di danni cerebrali permanenti.*
>
> 2. *Da alcuni studi risulta che il tasso generale di mortalità dei pazienti sottoposti al trattamento è dell'1 per 1000; il tasso è molto superiore nelle popolazioni ad alto rischio, come gli anziani, i sofferenti di malattie cardiovascolari*

e respiratorie e gli individui affetti da malattie del sistema nervoso centrale.

3. *All'inizio del trattamento il paziente sperimenta la perdita di tutte le sue facoltà mentali e prova, in genere, un grande spavento e una grande scossa emotiva. Possono persistere forti mal di testa ed incubi.*

4. *Il trattamento provoca, in tutti i casi, alcune perdite mnemoniche permanenti, relative soprattutto al periodo che immediatamente precede e immediatamente segue il trattamento. Molti resoconti di ricerca e relazioni cliniche dimostrano che la maggior parte dei pazienti subisce una significativa perdita di memoria, di carattere permanente, relativa a fatti personali del passato. In molti casi, possono aversi perdite gravi che coprono un periodo di vari mesi o anni antecedenti all'elettroshock; anche altre forme di disfunzione mentale possono acquistare carattere permanente ".* (P. BREGGIN 1984, pagg.227-228)

5.

Leggendo Breggin e ascoltando i fautori dell'elettroshock, sorge il sospetto concreto che la presunta efficacia di tale pratica consista nel tentare di curare il *dolore* con l'*oblio*.

"L'elettroshock produce un'amnesia degli eventi del passato. Il paziente non può ricordare cosa lo tormentava. Di conseguenza non può ricordarsi di tormentare altre persone a proposito di quello che lo tormentava. Questo effetto può durare per un breve

periodo di tempo o per parecchi mesi. Ma scompare sempre. Quando ciò accade il paziente può divenire nuovamente un elemento di fastidio sociale, avere ancora bisogno di shock, oppure può tenere tutto a tacere, tenersi per sè le sue preoccupazioni e perciò evitare l'attenzione della professione medica " (J. BERKE in L. FORTI 1979, pagg. 141-142)

Dove non arriva l'*oblio*, ci pensa il *terrore*.

"A Londra c'é un entusiasta che va in giro pubblicamente a dare cifre dell'85% di remissione di sintomo trattando con elettroshockterapia la depressione involutiva e cifre consimili per ogni sorta di altri disturbi, compreso bambini che non vogliono aver nulla a che fare con altra gente, diciassettenni isterici e così via. Costui per quel che sento, ottiene 'ottimi risultati'. Compare il mattino, fa il giro del reparto. 'Come ti senti, oggi? Meglio o peggio?' E se non dici che stai meglio, ti fanno un'altra serie di elettroshock. La più parte dice di star meglio, e la più parte di loro non ritorna per i controlli ambulatoriali ". (R. D. LAING 1978, pagg. 117-118)

La situazione con gli psicofarmaci non è molto diversa. Fra i loro effetti c'è quello di modificare lo stato di coscienza delle persone in un senso molto simile a quello dell'oblio. Più che il ricordo, viene compresso e coartato il senso critico, la capacità di reagire, si diventa spesso passivi e disponibili a subire la volontà altrui. Fra le modalità di somministrazione esiste anche qui la minaccia e il terrore. Anche gli psicofarmaci possono essere usati a scopo *punitivo*, come nel caso di Sandro e delle sue *porcherie*.

Gli psichiatri più illuminati ammettono che gli psicofarmaci non hanno alcuna funzione curativa, ma servono ad attenuare e a controllare i pensieri e i comportamenti che loro individuano come *sintomi* della malattia mentale. Del resto gli esseri umani hanno sempre usato sostanze per alterare il propria stato di coscienza e la propria biochimica, per adattarsi o superare le proprie difficoltà. Pensiamo alle foglie di coca masticate dalle popolazioni delle Ande, ma anche al caffè con cui facciamo colazione, al bicchiere di vino per rallegrare la serata, ma anche alla cocaina per sostenere una serie di concerti. Alcuni di questi interventi volontari sulla propria mente sono considerati crimini o comportamenti comunque moralmente inaccettabili. Nessuna obiezione invece sembra nascere quando interventi della medesima natura vengono imposti su individui non consenzienti.

La terapia psichiatrica fa appunto questo: dichiara illegale qualsiasi altro intervento sulla mente che non sia espressamente prescritto e realizzato da psichiatri. Se ci si autoprescrive un ipnotico si è drogati, se ce lo prescrive un medico malati. L'ipnotico può essere così al contempo una droga (se decidiamo autonomamente di assumerla), una medicina (se ce la prescrive uno psichiatra). Non c'è niente di più chiaro, in questo caso, della lingua inglese per descrivere questa confusione: in inglese tanto le droghe illegali che gli psicofarmaci si chiamano *drug*.

La logica psichiatrica tende a privare le persone di quelle sostanze che ritengono necessario assumere, per imporre le stesse sostanze ad altre persone che non ritengono necessario farlo.

Gran parte della vita di un paziente psichiatrico è spesa a cercare strategie o rifugio per sfuggire a questa invasione chimica della sua mente. Il rifiuto degli psicofarmaci è in gran parte rifiuto di condividere i fini e gli scopi che essi si prefiggono. Nessuno rifiuterebbe di assumere qualcosa che lo può aiutare a tranquillizzarsi o a non avere più paura, ma, allo stesso tempo, nessuno accetta di farlo se questo significa implicitamente affermare che non ha alcuna ragione per essere arrabbiato o terrorizzato. Quando ci autoprescriviamo una sostanza, generalmente non neghiamo la *verità* di ciò che stiamo provando o vedendo, cerchiamo di attutirne soltanto gli effetti sulla nostra vita. Quando quella stessa sostanza ci è prescritta da uno psichiatra, al contrario, accettarla significa accettare il fatto che i nostri sentimenti e i nostri pensieri sono solo fantasie.

E' per questo che Arturo preferisce vagare una notte intera senza meta, quando sua madre lo esaspera al punto che non riesce più a controllare le sue reazioni, piuttosto che assumere la terapia che lei gli porge. Arturo non vuole farle del male, ma non vuole neanche calmarsi. Vuole che la sua rabbia sia riconosciuta come tale, che siano riconosciute le sue ragioni.

Se fosse solo un problema di biochimica, come dicono gli psichiatri, allora

> *"Nulla influenza la nostra chimica più immediatamente che altre persone ".* (R. D. LAING 1978, pag. 120)

Ho esperienza pratica e quotidiana di ciò, come ne abbiamo tutti. Se applicassimo solo un po' del buon senso che nasce dalla nostra esperienza di relazione, capiremmo che è impossibile accettare di stare calmi e sereni mentre altri stanno decidendo di cambiarti la vita e distruggendo ogni possibilità di scelta. E' impossibile stare calmi quando nessuno ti dà credito, nessuno ti ascolta, nessuno ti aiuta in ciò che vuoi fare. Impossibile mantenersi sereni quando nessuno condivide con te la verità di quello che senti, che vedi o che pensi.

Ho esperienza pratica del fatto che non c'è niente di meglio di un'altra persona per aiutarci a vincere la paura di ciò che ci sta accadendo e darci la forza di affrontarlo. Niente di più efficace del semplice riconoscimento della verità di quanto ci accade e dell'essere presi sul serio. (cfr G. BUCALO 1993)

Non parlo di psicoterapia, parlo di una relazione quotidiana fra esseri umani che cercano insieme un equilibrio e un confronto fra modi diversi di vivere, sentire o soffrire. La psicoterapia fa delle relazioni fra le persone, quello che la psichiatria ha fatto dell'uso delle sostanze per alterare la propria coscienza: ha trasformato una esigenza umana in una *competenza professionale*. In buona sostanza se la psichiatria tende a sostituire la volontà dell'individuo, la psicoterapia cerca di appropriarsi del suo ragionamento, della sua visione del mondo, dei suoi sentimenti. L'una è complementare all'altra.

"Questa è la terapia" è importante quanto l'assunzione della terapia stessa. Tanto importante che Sandro è punito per il solo rifiuto di accettarlo. La *cura* non è lo psicofarmaco ma il definirlo tale. Così ciò che ci rende malati non è la *malattia*, ma semplicemente il fatto di essere definiti tali.

COME SE
il mito della psichiatria alternativa

" Non so cosa hanno i miei pazienti,
so quello che non hanno più,
quello che hanno perduto,
mi rendo conto di quello che hanno fatto
loro,
di quello che ne hanno fatto... "
(F. BASAGLIA)

C'è una psichiatria che ama definirsi alternativa. Alternativa a chi o a che cosa? Un tempo senz'altro al manicomio e alle sue pratiche. Oggi alternativa ad altri approcci psichiatrici di cui usa i mezzi, riproduce le logiche, condivide i termini.

Esiste forse un modo alternativo di dare dello 'schizofrenico' ad una persona che non comprendiamo? Esiste un modo alternativo di somministrare psicofarmaci per far smettere qualcuno di essere irragionevole? Esistono motivazioni alternative a quelle portate da chi per decenni ha praticato la lobotomia, per imporre i ricoveri coatti?

Ogni pratica psichiatrica dice di voler curare le persone di una malattia di cui non sono consapevoli. Ogni pratica psichiatrica cerca di convincere i pazienti a smettere di credere alle loro sensazioni, esperienze e alla loro mente perché malate, proponendogli (e imponendogli) di cambiare idea, pelle, essenza.

La differenza fra le psichiatrie non sta nei fini ma nei mezzi che usano per raggiungere questo azzeramento dell'invisibile, questa negazione dell'impossibile, questo genocidio della passione.

Per i non addetti ai lavori ci può essere una differenza sostanziale fra una psichiatria che rinchiude in gabbie e imprigiona le persone come bestie, e una psichiatria che espone i suoi utenti involontari all'occhio compassionevole e pietoso del pubblico in un teatro di provincia. Lì ci sono catene reali, violenza, arbitrio. Qui un'apparenza di realtà, un velo di normalità, un mondo di 'come se' che ti imprigiona. La differenza fra psichiatria manicomiale e psichiatria alternativa sta proprio in questa trasformazione della prigionia dei loro utenti: *dalla* prigione del corpo *al* corpo come prigione.

Uno 'schizofrenico' non va più necessariamente rinchiuso. Oggi con la diagnosi di schizofrenia vengono forniti al soggetto, alla famiglia e alla società una serie di istruzioni d'uso che permettono di controllare e neutralizzare ogni sua possibilità di vita reale e di scambio con la realtà.

La grande rivoluzione scientifica della psichiatria alternativa sembra consistere nella scoperta che coinvolgendo persone fuori dal comune in situazioni ordinarie, le si può far apparire a lungo andare *come se* fossero normali. Con il manicomio c'era la rinuncia al cambiamento . C'era una sorta di affermazione perversa della diversità ontologica della persona ivi ricoverata. A suo modo una forma di rispetto di questa irrazionalità senza limiti e tempo che, se non poteva essere modificata, non poteva neanche essere lasciata libera di travolgere l'ordine razionale delle cose.

Lo psichiatra manicomiale non ha mai creduto alla possibilità di normalizzare le sue vittime. Le riteneva irrecuperabili alla vita ordinaria. Da parte sua invece lo psichiatra alternativo non solo propone una normalità *per finta*, ma fa anche finta di crederci.

Crede che Anna, la sacerdotessa di dio, si sia arresa all'evidenza ora che coltiva la terra in una cooperativa di lavoro; che Salvatore abbia rinunciato a tornare alle origini del tempo, ora che è inserito in una comunità terapeutica; che Franco abbia smesso di parlare con le sue voci, ora che ha accettato di praticare psicofarmaci. Che sono insomma rientrati in qualche modo nella norma, riconoscibili e comprensibili da tutti.

Che importa se dietro quel sorriso incantato di Salvatore c'è un mondo di entità , voci, visioni e verità , che non verranno mai alla luce, perché nessuno accetterà mai che abbiano gambe e fiato per camminare su questa terra della ragione (e dell'esilio). Che importa se non potrà mai parlare di ciò che realmente sente ed è. Se dovrà sempre prestar ascolto e ubbidire a chi vorrà aiutarlo secondo priorità che non sono le sue. A chi non sa, non vede, non capisce.

La psichiatria alternativa ha come 'messo fra parentesi', per usare un termine caro a Franco BASAGLIA, queste esperienze ed esistenze, cercando di difenderle da una realtà sociale e umana che ritiene impreparata ad accettarle. Se col manicomio tenevamo prigioniere le persone per difenderci dalla loro follia, oggi le rinchiudiamo per difenderle da noi.

Uno psichiatra cade sempre in piedi. Che sia manicomiale o alternativo non fa alcuna differenza. La sua violenza è terapia; il suo silenzio neutralità terapeutica; le sue droghe farmaci; i suoi pregiudizi diagnosi. Non c'è orrore psichiatrico che non sia stato giustificato con l'urgenza di curare le persone di patologie che non ritenevano di avere. Non c'è terapia psichiatrica che non sia stata imposta con il pretesto della *non coscienza* dell'altro.

La nuova psichiatria si orienta alla creazione di ambienti di vita, relazione e lavoro *protetti*, supervisionati da equipe psichiatriche. Nascono così le case famiglia, le residenze protette, la case albergo. Luoghi di residenzialità psichiatrica alternativi al manicomio. Nascono le cooperative di lavoro integrate, alternative all'ergoterapia (lo sfruttamento del lavoro nero dei ricoverati in manicomio). Nascono i servizi di salute mentale, aperti 24 ore su 24, alternativi alla presa in carico totale dell'istituzione. E così via.

Si può descrivere la psichiatria alternativa come l'immagine speculare del manicomio. In essa esiste una continuità teorico-pratica che ha perpetuato le radici della violenza e dell'arbitrio psichiatrico oltre le mura manicomiali. Una sorta di politica di 'riduzione del danno' in cui gli psichiatri alternativi non se la sono sentiti di riconoscere fino in fondo l'elementare diritto delle persone di essere come sono e di essere accettate, comprese o fraintese per quello che dicono, pensano o fanno. Hanno perpetuato la divisione, illogica e tragica, fra pensieri sani e malati, fra motivi razionali e insensati, fra scelte di vita sane e scelte patologiche. Ergendosi ancora una volta a giudici universali dei nostri destini.

Cambiano i luoghi dove possiamo essere rinchiusi contro la nostra volontà, resta intatto il potere di farlo della psichiatria. Cambiano le terapie che possono somministrarci, resta in piedi il potere di imporle. Cambiano le diagnosi con cui ci definiscono, resta invariata la loro inconsistenza scientifica.

> " Ai miei occhi, la psichiatria di comunità diviene facilmente un modo di capovolgere l'ospedale psichiatrico, nel senso di rivoltarne l'interno all'esterno, e fare di tutta la comunità un grande ospedale psichiatrico, senza inferriate e senza porte chiuse. Per risparmiare denaro, si addestrano i familiari a far da infermieri, poi si usano squadre volanti per fare gli elettroshock a domicilio, e si applicano efficacemente camicie di forza

farmacologiche per mezzo dei tranquillanti. E poi ci sono squadre di professionisti che impiegano il loro tempo per trovare lavori senza senso per i pazienti, e per riadattarli e far loro credere che non sono più stigmatizzati per il fatto di essere malati, e così via. Così si riesce a far fare alla comunità il lavoro 'sporco' che prima si faceva all'interno dell'ospedale". (R. D. LAING, A. ESTERSON 1970, pag. XLI)

La psichiatria alternativa è una trappola mortale. Tutto ciò che ci sta intorno viene duplicato. Le relazioni, i mobili, il lavoro, la gioia, il dolore... niente è ciò che sembra. Tutto appare *come se* fosse normale. Ma niente è più come prima.

Noi non ci divertiamo, siamo socializzati. Non andiamo in gita, siamo riabilitati. Non lavoriamo, siamo reinseriti socialmente. Non abitiamo, siamo ospiti. Non siamo ascoltati, siamo curati. Non abbiamo relazioni, facciamo psicoterapia... Il mondo che la psichiatria ci costruisce intorno assomiglia al mondo di sempre, ma è un altro mondo.

Un mondo e una vita su cui non abbiamo alcun potere, affidati come siamo alle scelte e al giudizio altrui. Costretti a giustificare quanto facciamo e a dimostrare tutto ciò che diciamo. Non abbiamo alcun credito, né alcuna credibilità. Non ci è dato di scegliere quando e se stare soli o chi frequentare. Non possiamo realizzare le nostre idee, fare i nostri viaggi, mangiare ciò, quando e quanto vogliamo, andare in giro vestiti come più ci pare. Una volta diagnosticati, la psichiatria alternativa prende in mano la nostra vita interiore, relazionale e sociale, cercando di farci apparire *come se* fossimo normali.

Se il manicomio negava il diritto alla comunicazione e alla socialità degli internati, sequestrandoli dal loro ambiente di vita e rinchiudendoli, la psichiatria alternativa impone una comunicazione e una socialità forzata, in cui la scelta di cosa, quando, come e a chi comunicare è prerogativa dei curatori.

Non più prigionieri, ma in *libertà vigilata*, agli *arresti domiciliari*, al *confino obbligato*. Può sembrare un passo avanti e invece è una tragica beffa.

Non hanno chiuso i manicomi, hanno semplicemente moltiplicato i luoghi e le occasioni di psichiatrizzazione delle esperienze umane. Non c'è casa, posto di lavoro, giardino, cortile, bar, scuola... che non possa essere usato come reparto psichiatrico, non c'è persona che non possa essere arruolata a farci da infermiere, non c'è alimento che non possa essere contaminato con psicofarmaci.

La psichiatria alternativa ha cosparso la nostra esistenza di trappole, di linee invisibili che una volta oltrepassate ci imprigionano in un mondo dove tutto è falso, dove nulla è quello che è e tutto sembra *come se* fosse normale. Un mondo da cui non possiamo scappare come facevamo dal manicomio, perché è fatto delle cose, degli affetti, delle persone che ci appartengono. In realtà non c'è più un posto da dove scappare, né dove andare. Non c'è differenza fra *dentro* e *fuori*. Troviamo la stessa pietà, la stessa incredulità, la stessa incomprensione, la stessa violenza, sia *dentro* che *fuori* una casa famiglia. Potremo anche mangiare ogni giorno e dormire sotto un tetto, e magari frequentare una palestra, fare danza e costruire giocattoli di legno, ma continueremo a non essere ascoltati, creduti nè aiutati a capire e ad agire la nostra esperienza, ritrovare il nostro spirito rubato o costruire una macchina per raggiungere le radici del tempo.

Potremmo dare da mangiare e fornire da dormire alle persone senza stare a sindacare se sono 'malati' per il fatto che non condividono la vita dei loro padri o che non hanno un soldo per mangiare, che stanno in strada alla ricerca del Graal o che non mangiano per paura delle radiazioni solari. E' un gioco sporco quello di psichiatrizzare bisogni di sopravvivenza personale e sociale. E' iniquo dettare condizioni a chi non ha risorse per sopravvivere.

A ben guardare la psichiatria alternativa cerca, nella migliore delle ipotesi, di distrarre le persone dalle loro esperienze. Nella peggiore, le inserisce in un circuito di *normalizzazione forzata* in cui le rende caricature di se stesse. Per farlo usa la persuasione ma anche la minaccia. Gli strumenti di coercizione infatti non sono mai stati abbandonati dalla psichiatria, come sa bene ogni ospite delle strutture alternative che decida di smetterla con quel mondo di serie B. Il Trattamento Sanitario Obbligatorio e il ricovero coatto non hanno niente da invidiare agli interventi manicomiali. Se non si usano le camice di forza, ci sono le fasce o gli psicofarmaci. La porta è chiusa a chiave, le tue opinioni sono deliri, la violenza che usano contro la tua volontà terapia.

Tutto sembra normale finché qualcuno non rivela il segreto di pulcinella o grida che il re è nudo. Come nel manicomio, tutto procede bene fino a che si sottostà alle regole e si accettano i punti di vista dei curatori. Non ha importanza quanto mediocri, inumani, insensibili, essi siano avranno ragione su di noi come hanno avuto ragione di Kipling, Nietzsche, Van Gogh, Artaud...

"Una casa famiglia è meglio del manicomio". Gli psichiatri alternativi credono che per i loro utenti volontari e involontari non possa esservi altra vita se quella *protetta* da loro, *supervisionata* dai servizi psichiatrici, *definita* nelle loro anamnesi.

Il *meglio* per un uomo, probabilmente, non è avere un luogo, un qualsiasi luogo, in cui vivere, delle persone, qualsiasi persona, con cui condividere la propria esistenza, dei vestiti, qualsiasi tipo di vestiti, con cui mostrarsi... Il *meglio* per un uomo, probabilmente, è essere considerato tale.

E non si è considerati uomini, persone o esseri umani da chi da decenni non insegue altro che il sogno di guarirci della *malattia* di essere noi stessi.

" Possiate ricordarvene domattina, all'ora in cui visitate, quando tenterete, senza conoscerne il lessico, di discorrere con questi uomini sui quali, dovete riconoscerlo, non avete altro vantaggio che quello della forza "
(A. ARTAUD, cit. in L. FORTI 1979, pag. 30)

ANTIPSICHIATRIA

"E dissero che stavo delirando
mi somministrarono del bromuro,
e mi rinchiusero nella mia stanza -
Io con un topolino rosso sangue -
*benché avessi detto: ' **Per dar spazio alla mia testa,***
fareste meglio a scoperchiare la casa'.
Ma le mie parole non furono ascoltate,
sebbene avessi detto al medico solenne
che la cura davvero necessaria
era un tuffo nel mare aperto
che ai miei piedi sciabordava,
liscio come l'argento, bianco come la neve -
E dovettero prendermi in tre
quando mi accorsi che non ci potevo andare ".
(Rudyard KIPLING)

Antipsichiatria. *Scoperchiare la casa*, come suggerisce Kipling. Lasciare che le persone siano libere di muoversi e di comunicare le proprie esperienze, di affrontarle, di trovarne le soluzioni.
Al *tuffo nel mare aperto* la psichiatria ha sempre preferito i ricoveri coatti, le porte chiuse a chiave, l'elettroshock, gli psicofarmaci, la socialità e i lavori forzati... Il tuffo in mare aperto è solo un delirio: il serenase, l'haldol, il tavor...*la cura davvero necessaria*.
In realtà la psichiatria non cura (ne si prende cura di) nessuno. E' piuttosto delegata a sperimentare tecniche e sostanze chimiche

sempre più efficaci a controllare il pensiero, le emozioni e le azioni umane.

Il *topolino rosso sangue* non c'è. Non c'è il *mare aperto* che sciaborda ai piedi di Kipling. Il reparto non può essere scoperchiato. Non si può lasciare libero Kipling di vivere e comunicare con questo mondo che non c'è, che non vediamo... Occorre fermarlo. Distruggere la possibilità di Kipling di raggiungerlo, di vederlo, di sentirlo... di sceglierlo.

Si può isolare Kipling in una cella con il suo *topolino rosso sangue*. Oppure lo si può accecare e anestetizzare fino al punto che smetta di vederlo, di averlo accanto, di ascoltarlo.

Il topolino è la nostra vita interiore. Il significato che diamo alla nostra esistenza, i motivi, le opinioni, le fedi che muovono il nostro agire. Il senso della vita non è visibile. L'emozione non si può toccare. L'affetto, la stima, l'odio e i sentimenti che ci spingono a muoverci e ad agire non sono cose concrete. Le idee non si possono masticare, né digerire.

L'idea che esista un essere supremo creatore di tutto ciò che vediamo, ad esempio, muove la vita di milioni di persone: eppure dio non è visibile. L'idea che le nostre azioni produranno effetti nelle nostre vite future influenza i comportamenti e le scelte di molte persone: eppure il Karma non ha una sua concretezza. Così come la reincarnazione, il diavolo, la voce che parla a Mosé o l'idea che muove il giovane cinese che blocca i carrarmati in marcia verso piazza Tiennamen.

Gli uomini non vivono **di** certezze, come si usa pensare, ma **nella** verità. E in ciò sta il loro essere umani.

Se distruggono le nostre verità distruggono noi stessi. Noi siamo quello che crediamo. Siamo le nostre emozioni come siamo le nostre mani. Siamo i nostri occhi ma anche ciò che vediamo. Le nostre orecchie ma anche ciò che sentiamo. Il nostro cervello, ma soprattutto ciò che pensiamo. Non viviamo interamente in un mondo di certezze. Non ci cibiamo di solo cibo. Non viaggiamo e agiamo solo con il corpo. Le nostre idee e i nostri sentimenti sono capaci di trasformare la realtà di ciò che siamo. Le nostre parole possono modificare il mondo materiale e la biochimica dei corpi altrui. I nostri sguardi possono fare male più di un coltello conficcato nel petto...

L'antipsichiatria parte dal riconoscimento della verità di ogni esperienza umana. Può non essere *certo* che tu sia controllato dagli extraterrestri, ma è sicuramente *vero*. E' vero che tu ascolti i loro messaggi, che li vedi atterrare sul tetto di casa, attraversare pareti e chiamarti. Nessun rapporto con te può prescindere dal rispetto di questa verità. Questa esperienza fa parte di te. Puoi viverla positivamente o esserne terrorizzato, ma nell'un caso e nell'altro anche la tua gioia e il tuo terrore sono *veri*.

Del resto lo psichiatra che ti cura non può essere *certo* che tu sia malato, ma per lui è *vero* così. Non c'è alcuna differenza fra te e lui se non quella che a lui è concesso di imporre le sue verità come certezze. E per farlo non ha altro modo che distruggere le tue verità. Quello che dice lo psichiatra è *certo* nella misura in cui ciò che tu dici non è *vero*.

> " *E' proprio questo circolo chiuso che l'antipsichiatria si accinge a sciogliere: affidando all'individuo il compito e il diritto di gestire la propria follia, fino in fondo, in un'esperienza alla quale possono contribuire anche gli altri, mai però in nome di un potere conferito dalla loro ragione o dalla loro normalità...*" (M. FOUCALT 1975, pag.169)

Per l'antipsichiatria niente è *certo* e tutto può essere *vero*.

Sicuramente è *vera* ogni esperienza umana, aldilà della conferma, dal riconoscimento, dalla condivisione altrui. *Vera* anche se non necessariamente giusta, accettabile, comprensibile. *Vera* anche se non rispetta le leggi fisiche o della logica comune. *Vera* come sono *veri* i sentimenti che produce in noi e negli altri.

Non solo. Ogni nostra esperienza è invisibile agli altri. Nessuno può mai realmente mettersi nei nostri panni. Per vedere e capire quanto ci sta accadendo, l'unico punto di vista che conta è il nostro.

Sembra ovvio, ma nel campo psichiatrico si è affermato il principio inverso: l'unico punto di vista che conta è quello di chi non vive (o non ha mai vissuto) quell'esperienza.

La normalità dello psichiatra è il parametro di misura della follia dell'altro. Più i loro punti di vista divergono e più facilmente la persona sarà definita gravemente ammalata. Ciò fino al ridicolo. Se Franca ride dei tic del suo dottore, questi segna in cartella 'riso immotivato', chiaro sintomo di malattia mentale. Franca ride senza motivo perché *non può* ridere del suo psichiatra.

Dobbiamo chiederci cosa sanno gli psichiatri delle esperienze dei loro utenti. Probabilmente niente di più di ciò che sappiamo noi. Sicuramente molto di meno di ciò che sanno loro stessi. Eppure l'unica conoscenza che conta è la nostra.

L'*anti* nell'antipsichiatria indica un capovolgimento della logica psichiatrica, ma non solo. *Anti* va letto anche come *ciò che sta prima* della psichiatria. Lì dove ci sono ancora i vissuti e le persone che lottano per dare un senso alla loro vita e alle loro relazioni. Persone che si interrogano su ciò che sta accadendo loro. Che chiedono e si danno aiuto. Che sperano e si disperano. Che parlano e che non si capiscono.

Abbiamo ereditato un'idea di antipsichiatria come una sorta di terapia alternativa della malattia mentale. In realtà l'antipsichiatria è innanzitutto la pratica di coloro che cercano un senso a ciò che gli accade e di chi decide di star loro accanto in questa ricerca. Le azioni antipsichiatriche coincidono coi comportamenti e le idee che la psichiatria definisce i sintomi della malattia mentale. Possiamo dire che l'antipsichiatria non è la *cura* ma la *pratica* della follia. Un movimento di menti e di uomini che dà credito, valore e rispetto a quanto di creativo, inquietante, doloroso e estatico c'é in ogni esperienza umana.

> *"Una ragazza che conobbi in un istituto psichiatrico fu diagnosticata schizofrenica perché, tra le altre cose, aveva 'l'illusione' di essersi mutata in una pianta verde lunga, rampicante, che cresceva ogni giorno rivolta al sole, ed esprimeva questo stato con strani movimenti del corpo, lenti, contorcenti, che iniziavano dai piedi, risalivano poi per il corpo e finivano con le braccia aperte sopra il capo. (...)*
> *Certo può essere importante arrivare a capire l'esperienza della trasformazione in pianta e la sua curiosa coreografia, ma solo in quanto ciò non violi la realtà presente della sua esperienza, per la quale* **essa aveva bisogno di un testimone, non di una interpretazione**. *Non certo di tranquillanti, quegli Abortifacenti dello spirito "*. (D. COOPER 1977, pag. 62)

L'antipsichiatra è un testimone dell'esperienza di follia. Non si pone il problema di interpretarla, definirla, trasformarla o curarla. Egli ne riconosce e ne rispetta la verità e dà una mano, se può, alla persona che intenda affrontarla o realizzarla. A suo modo.

"La caratteristica principale dell'antipsichiatria è forse il riconoscere la necessità di una non interferenza attiva che tenda ad un'apertura dell'esperienza piuttosto che ad una chiusura dell'esperienza ". (D. COOPER 1977, pag. 63)

In altre parole la pratica antipsichiatrica è il *'tuffo in mare aperto'* per cui Kipling è internato. Non è solo il permettergli di tuffarsi in quel mondo e di guardare dritto in faccia il suo topolino, ma anche riconoscere nel *tuffo* tutto il senso e il valore che diamo alle azioni umane. L'agire antipsichiatrico non interferisce sulla *scelta* di tuffarsi, non blocca il tuffatore, non lo lega, non lo distrae da questa idea, cerca solo di creare le condizioni affinché il tuffo non avvenga nel *vuoto*. E' testimone del tuffo e testimonia la sua verità interiore.

Capovolgendo la logica psichiatrica, si può dire che l'antipsichiatria dà corpo e visibilità alla follia. Da' credito alle esperienze di chi vede, sente e comunica con mondi interiori ed esteriori invisibili alla comune percezione umana. Pratica, e quindi rende reali, i sintomi psichiatrici, ridando loro il significato di tentativi umani di far fronte, di negare o realizzare le proprie esperienze.

"Ha ventiquattro anni. Viene sottoposto a elettroshock ogni tre settimane perché
l'effetto dell'elettroshock scompare dopo dieci giorni
e
allora
non fa che immergersi nei suoi pensieri
per farlo deve andare in una stanza
non dev'essere interrotto
deve concentrarsi con uno sforzo totale
non può permettersi di complicare le cose

facendo un solo movimento
pronunciando una sola parola
resta sveglio il più possibile poiché il processo è
interrotto dal sonno
non lo interessa il mangiare
si toglie di dosso i vestiti
evacua feci e urina dove si trova, in piedi o seduto o
sdraiato
immobile
immergendosi vieppiù
sente di avvicinarsi maggiormente
una pressione terribile lo investe
da ogni parte
è come nascere, dice
ogni volta che l'interrompono, in modo coercitivo,
con elettroshock
lui deve ricominciare da capo ". (R. D. LAING 1978,
pagg. 93/94)

L'antipsichiatria non è una teoria ma una pratica. Non spiega *cosa* accade dentro o fra le persone o *perché* accada. Permette solo che accada.

Una pratica fatta da infiniti atti quotidiani posti in essere da uomini e donne senza alcuna *competenza* antipsichiatrica. Non esistono *tecnici* o *tecniche* dell'antipsichiatria. L'antipsichiatria è solo un *modo* di stare al mondo cercando di dar significato alla nostra esistenza, credendo che ci sia sempre un *senso* umano da dare a quanto ci accade, a quanto sentiamo, a quanto pensiamo o facciamo.

Antipsichiatrica è la madre che passa le notti col figlio spruzzando acqua dalle siringhe contro i folletti cattivi, piuttosto che siringare il figlio e farlo dormire. La madre che sceglie di affrontare nella realtà la paura del figlio, che lo aiuta come lui vuole essere aiutato, che non l'abbandona da solo nella sua esperienza, che testimonia il suo terrore ma anche la sua capacità di farvi fronte, che gli dà credito e fiducia.

Non c'è vittima psichiatrica che non esprima chiaramente *se* ha bisogno di aiuto e di che tipo di aiuto si aspetta da noi. Eppure abitualmente le sue richieste non sono prese in considerazione se non per dimostrare che è 'malata' per il solo fatto di averle formulate.

Ciò che chiamiamo follia è, per l'antipsichiatria, una forma di *conoscenza* del mondo interiore e esteriore. Non è una patologia della percezione o del pensiero ma un *modo* di percepire e di pensare. Con lo stesso margine di *errore* che ha ogni pensiero e di *illusione* che possiede ogni percezione.

I modi della nostra percezione non sono frutto di nostre scelte, sia quando ciò che percepiamo è riconosciuto dagli altri, sia quando è invisibile a tutti. Non possiamo dire che nella follia *qualcosa* ha preso il sopravvento sulla persona facendola sragionare. Il nostro modo di essere e di percepire non dipende da nostre scelte razionali, ma non dipende neanche interamente dalla nostra biochimica. Così è impossibile definire con certezza per quale motivo pensiamo quello che pensiamo, indipendentemente dal fatto che il nostro pensiero sembri logico o delirante.

L'idea che ci formiamo di noi stessi, degli altri e della realtà, così come il rapporto con essi, deriva dalla nostra percezione. Va da se che se sento la voce di dio che mi chiama ad una missione impossibile, io posso pensare di essere diventato pazzo, posso chiedere a dio di darmi una prova, oppure posso credere e fare in modo che *sia fatta la sua volontà*.

Per la psichiatra l'unica idea sensata è quella di riconoscere la propria malattia. Per l'antipsichiatria tutti e tre le alternative sono possibili. Tutte hanno il diritto di essere praticate.

Se lasciamo aperte tutte le possibilità non diremo più che Augusto *parla da solo*. Non affermeremo più a priori che *sta male*. Non troveremo più *insensato* il fatto che si immerga, ad inverno inoltrato, nelle acque del mar mediterraneo o che se ne stia assorto sotto la pioggia per ore.

Tutti i comportamenti umani ci appaiono *insensati* finché non comprendiamo il contesto in cui sono inseriti o non accettiamo come *veri* i motivi che li muovono. Una donna in camicia da notte che scappa urlando da una casa ci può sembrare *insensata*, se non vediamo l'incendio che si è sviluppato o l'uomo che la sta inseguendo. Ma ci può essere *vero* fuoco e *vero* assassino anche se noi non li vediamo. E sicuramente c'è *vero* terrore.

Non si può dire alla donna di calmarsi se non prima abbiamo spento l'incendio o disarmato l'assassino. Non possiamo costringerla a rientrare in una casa che brucia, in balia del mostro che la aspetta. Non possiamo pensare che il suo terrore sia inesistente perché non ne vediamo motivo. E' disumano. Così come quando decidiamo che ci sia un periodo di tempo *normale* per soffrire di un lutto o un modo *normale* di farlo. Chiamando *malati* coloro che soffrono più del necessario e in modo scomposto.

Normalmente pensiamo che il modo migliore di aiutare Rosa è convincerla che si sta sbagliando, che non c'è alcun fuoco, né alcun assassino di cui aver paura.

"Non c'é nulla di cui aver paura': l'estrema rassicurazione, e l'estremo terrore" (R.D.LAING 1980, pag. 36)
Ci sfugge infatti che non c'é niente di più terrificante che essere in balia di realtà che nessuno vede e in cui nessuno crede. Niente di più terribile del non essere creduta.
Citando Nagarjuna:

*"Se il fuoco è acceso nell'acqua
come verrà spento?
Se la paura proviene dal protettore
chi c'é a proteggerci da questa paura?"*
(cit. in R. D. LAING 1980, pag. 88)

Rosa uscì di casa urlando 40 anni fa. E' ancora rinchiusa in manicomio.

MANUALE DI AUTODIFESA

Un manuale di autodifesa dagli usi e abusi psichiatrici non può che essere *minimo*. La psichiatria, per legge ma più spesso di fatto, invade ogni angolo della nostra esistenza individuale e sociale. Articolare difese per ogni circostanza di abuso è cosa ardua e probabilmente improduttiva.

Ho preferito qui definire i *diritti minimi* di sopravvivenza psichiatrica, fornendo anche alcuni strumenti pratici di autodifesa, partendo dalle cose di cui ho esperienza diretta. Sono rimasti fuori così alcune aree di abuso molto importanti (come quella riguardante l'interdizione legale) che mi riprometto di approfondire in seguito e che si muovono, con il pretesto della tutela, in direzione di una invalidazione dell'individuo e della sua libertà di scelta.

Mi scuso anzitempo con i lettori che non troveranno nel testo le risposte che servono loro. Io credo, del resto, ad una costruzione collettiva dell'autodifesa, in cui ognuno può e deve dare il proprio contributo di esperienza e di fantasia

Con ciò chiedo ai lettori di inviarmi le esperienze di abusi e le pratiche di autodifesa che hanno attuato, per costruire strumenti sempre più operativi ed efficaci per far fronte alla violenza psichiatrica.

In appendice si troveranno tutti gli strumenti pratici citati nel testo.

Chiude il testo una bibliografia minima per fare a meno della psichiatria.

LETTERA AI DIRETTORI DEI MANICOMI

Signori,

le leggi e il costume vi concedono il diritto di valutare lo spirito umano. Questa giurisdizione sovrana e indiscutibile voi l'esercitate a vostra discrezione. Lasciate che ne ridiamo. La credulità dei popoli civili, dei sapienti, dei governanti dota la psichiatria di non si sa quali lumi sovrannaturali. Il processo alla vostra professione ottiene il verdetto anzitempo. Noi non intendiamo qui discutere il valore della vostra scienza, né la dubbia esistenza delle malattie mentali. Ma per ogni cento classificazioni, le più vaghe delle quali sono ancora le sole ad essere utilizzabili, quanti nobili tentativi sono stati compiuti per accostare il mondo cerebrale in cui vivono tanti dei vostri prigionieri? Per quanti di voi, ad esempio, il sogno del demente precoce, le immagini delle quali è preda, sono altra cosa che un'insalata di parole?

Noi non ci meravigliamo di trovarvi inferiori rispetto ad un compito per il quale non ci sono che pochi predestinati. Ma ci leviamo, invece, contro il diritto attribuito a uomini di vedute più o meno ristrette di sanzionare mediante l'incarcerazione a vita le loro ricerche nel campo dello spirito umano.

E che incarcerazione! Si sa - e ancora non lo si sa abbastanza - che gli ospedali, lungi dall'essere degli ospedali, sono delle spaventevoli prigioni, nelle quali i detenuti forniscono la loro manodopera gratuita e utile, nelle quali le sevizie sono la regola, e questo voi lo tollerate. L'istituto per alienati, sotto la copertura della scienza e della giustizia, è paragonabile alla caserma, alla prigione, al bagno penale.

Non staremo qui a sollevare la questione degli internamenti arbitrari, per evitarvi il penoso compito di facili negazioni. Noi affermiamo che un gran numero dei vostri ricoverati, perfettamente folli secondo la definizione ufficiale, sono, anch'essi, internati arbitrariamente. Non ammettiamo che si interferisca con il libero sviluppo di un delirio, altrettanto legittimo, altrettanto logico che qualsiasi altra successione di idee o di azioni umane. La repressione delle reazioni antisociali è per principio tanto chimerica quanto inaccettabile. Tutti gli atti individuali sono antisociali. I pazzi sono le vittime individuali per eccellenza della dittatura sociale; in nome di questa individualità, che è propria dell'uomo, noi reclamiamo la liberazione di questi prigionieri forzati della sensibilità, perché è pur vero che non è nel potere delle leggi di rinchiudere tutti gli uomini che pensano e agiscono.

Senza stare ad insistere sul carattere di perfetta genialità delle manifestazioni di certi pazzi, nella misura in cui siamo in grado di apprezzarle, affermiamo la assoluta legittimità della loro concezione della realtà, e di tutte le azioni che da essa derivano.

Possiate ricordarvene domattina, all'ora in cui visitate, quando tenterete, senza conoscerne il lessico, di discorrere con questi uomini sui quali, dovete riconoscerlo, non avete altro vantaggio che quello della forza.

Antonin Artaud

ACCERTAMENTI E TRATTAMENTI SANITARI OBBLIGATORI
(ex L. 833/78 artt. 33 e segg.)
guida all'autodifesa

" Io sono un mago. una magia mi ha portato qui.
Il guaio è che non ricordo più la magia per uscire "
(un ricoverato)

La legge italiana (L. 833/78) sancisce la norma che i trattamenti psichiatrici sono volontari. Ciò significa che tali trattamenti vanno richiesti e accettati da chi li subisce. Non solo. Occorre anche che la persona sia informata del tipo di terapia, della natura e degli effetti che essa produce.

Chiunque sia stato (o sia) in cura presso i servizi psichiatrici sa quanto ciò sia lontano dalla realtà delle pratiche psichiatriche. Ciononostante deve essere chiaro che è nostro *diritto* rifiutare le terapie che ci vengono somministrate, esserne informati, essere dimessi da qualsiasi struttura in cui siamo ricoverati.

Esiste una sola possibilità in Italia per essere sottoposti *contro la nostra volontà* a trattamenti psichiatrici: il Trattamento Sanitario Obbligatorio (**TSO**).

Possiamo essere ricoverati coattivamente *solo* in presenza di questo provvedimento e *solo* nei reparti psichiatrici istituiti presso gli ospedali generali. Non possono in nessun modo ricoverarci, senza il nostro consenso, presso altre strutture pubbliche o private (reparti psichiatrici del policlinico, comunità protette, case famiglia, cliniche private...).

Chiunque ci trattiene contro la nostra volontà all'interno di una qualsiasi struttura psichiatrica che non sia il reparto di un ospedale civile, è passibile di essere denunciato per sequestro di persona e maltrattamenti. Lo stesso vale se siamo ricoverati in un reparto psichiatrico in mancanza di un provvedimento di **TSO** In mancanza di tale provvedimento nessuno può costringerci ad assumere o sottoporci a qualsiasi tipo di terapia psichiatrica.

Abbiamo diritto di rifiutare le visite psichiatriche. Possiamo essere sottoposti a visita contro la nostra volontà solo in presenza di un provvedimento di *Accertamento Sanitario Obbligatorio* (**ASO**). Non siamo tenuti o obbligati a sottoporci a controlli psichiatrici. Se, come accade, veniamo minacciati di ricovero coatto per farci accettare le cure, il nostro consenso non è valido in quanto estorto.

La normativa che riguarda gli accertamenti e i trattamenti sanitari obbligatori si riferisce alla Legge 180 del 1978 (meglio conosciuta come 'legge Basaglia'), poi inglobata nella legge di Riforma Sanitaria n. 833/78, art. 33 e seguenti. In atto, nonostante diversi tentativi falliti di modifica, gli articoli della L.833 regolano in Italia la possibilità di essere sottoposti a interventi psichiatrici coatti.

L'*Accertamento* e il *Trattamento Sanitario Obbligatorio* vengono disposti dal Sindaco del comune di residenza (o presso cui ci si trova). Il provvedimento deve essere firmato dal Sindaco (o da un suo delegato) entro *48 ore* dalla richiesta avanzata da un medico qualsiasi e convalidata da un medico della struttura pubblica (generalmente l'Ufficiale Sanitario). I due medici di cui sopra devono visitare la persona e dichiarare che la stessa:

1. presenta alterazioni psichiche tali da necessitare interventi terapeutici urgenti;
2. rifiuta la terapia;

3. non esistano alternative di cura extraospedaliere.

Va tenuto a mente che perché la proposta di ricovero sia valida, devono sussistere e devono essere certificate tutte e tre le condizioni suddette

Da questa premessa possiamo subito evincere una serie di indicazioni pratiche per invalidare il provvedimento.

1. Il TSO non è valido se i medici che certificano o convalidano la situazione di urgenza non hanno visto, né visitato la persona che vi è sottoposta. In questi casi, oltre alla nullità del provvedimento, esistono gli estremi del reato di *falso in atto pubblico*.

   Questa procedura *illegale* è più comune di quanto si creda (come ben sanno coloro che sono stati sottoposti a ricoveri coatti). E' una comoda scorciatoia che viene seguita sia per quelle persone già note per aver subito ricoveri coatti, sia in risposta a pressioni fatte da familiari e dall'opinione pubblica su medici di famiglia e Sindaco (specie nei piccoli comuni).

2. Il TSO non è valido senza l'emissione dell'apposito provvedimento ordinanza da parte del Sindaco e la stessa ordinanza non può che essere successiva alle certificazioni di cui sopra.

   In assenza del provvedimento di Accertamento o Trattamento Sanitario Obbligatorio ogni coazione della nostra volontà o limitazione della nostra libertà è *illegittima*.

   In mancanza o in attesa del provvedimento del sindaco, nessuno può costringerci a seguirlo, nessuno può praticarci alcuna terapia, nessuno può portarci al Pronto Soccorso. Vanno esclusi naturalmente i casi in cui il nostro comportamento violi norme penali e quelli in cui lo psichiatra può invocare il cosiddetto stato di necessità, disciplinato dall'art. 54 del Codice Penale (pericolo di danno grave alla persona).

Per poter attivare tutte le procedure di autotutela che la legge prevede, occorre sempre richiedere la *notifica* del provvedimento emesso dal sindaco, come è nostro diritto.

Il diritto alla notifica può essere facilmente ricavato dalla natura del provvedimento stesso: trattasi infatti di ordinanza sindacale, avente per oggetto la limitazione della libertà personale di un individuo e, come vedremo in seguito, sottoposto alla verifica giurisdizionale da parte dell'Autorità Giudiziaria (Giudice Tutelare).

Appare del tutto evidente che la mancata *notifica* del provvedimento renda nullo l'atto, anche in ragione del fatto che la non conoscenza dello stesso, nega all'interessato la possibilità di poter utilmente ricorrere avverso allo stesso, secondo quanto previsto normativa.

3. Il TSO non è valido se la persona viene ricoverata pur avendo dichiarato di accettare la terapia consigliata dal medico che ha proposto o ha convalidato il provvedimento coatto.

   L'accettazione delle cure fa infatti venire meno uno dei 3 requisiti indispensabili che giustificano il TSO, impedendo di fatto che si venga sequestrati in un reparto psichiatrico.

   Questa possibilità se esercitata in fase di accertamento annulla la proposta del TSO: se invece viene esercitata durante il ricovero fa venir meno la sua efficacia e può portare alla dimissione dal reparto.

Delle modalità e delle forme con cui mettere in opera tale opportunità parleremo diffusamente in seguito, intanto mi preme sottolineare come questa strategia, efficace dal punto di vista pratico e giuridico, sia una "scoperta" relativamente recente del movimento antipsichiatrico.

Per anni, di fronte al TSO, i vari gruppi di tutela hanno alternato azioni dirette di liberazione dei ricoverati, ad azioni pseudo psichiatriche mirate a promuovere controperizie per confutare le valutazioni mediche. Tutto ciò con scarsi risultati e con una promiscuità tanto inquietante quanto inutile con operatori della cosiddetta psichiatria alternativa.

Cosa impediva di vedere la grande falla presente al centro dell'architettura giuridica del TSO? Molto probabilmente la nostra cecità ideologica. Sembrava impossibile riconoscere a noi stessi che l'accettazione delle cure poteva essere non solo una resa al potere psichiatrico, ma anche una strategia agita strumentalmente per sfuggire al suo controllo.

Non si tratta di riconoscersi "malati" o di riconoscere alla psichiatria lo statuto di "cura", si tratta più semplicemente di una pratica di sopravvivenza che può garantirci un margine di libertà e di scelta per sfuggire alla coazione.

Una volta emanato il provvedimento di TSO, i nostri diritti subiscono una drastica limitazione. E' ben poca cosa, ma la legge prevede che si debba rispettare, ove possibile, la nostra scelta circa il reparto in cui essere ricoverati. Rivendicando questo diritto si può tentare di ridurre i danni conseguenti al ricovero in un reparto in cui, per esperienza diretta o indiretta, sappiamo si applicano metodi o terapie che sentiamo intollerabilmente lesive della nostra dignità e integrità psicofisica. Dubito che esistano reparti psichiatrici in cui ci possa essere felici di essere confinati, ma di fronte al TSO dobbiamo cercare di ritagliarci tutti gli spazi di diritto che abbiamo a disposizione per difenderci dalla violenza a cui siamo sottoposti.

Una volta che un provvedimento di TSO, legale o illegale che sia, ci è stato notificato, non abbiamo molta scelta.

Alcuni reagiscono e si oppongono fisicamente a quello che ritengono un vero e proprio sequestro di persona. Seppure naturale, tale reazione non produce mai risultati esaltanti. Ricordiamoci infatti che generalmente abbiamo di fronte pubblici ufficiali (vigili urbani, infermieri, medici), mentre noi siamo definiti 'malati di mente' e, quindi, incapaci di intendere e volere. Spingere un vigile urbano che ci trattiene, assestargli un pugno per cercare di scappare, ingiuriarlo, ci espone all'accusa di *oltraggio e resistenza a pubblico ufficiale*. Accusa che in situazioni ordinarie non avrebbe gli effetti drammatici che ha nel momento in cui siamo diagnosticati 'malati'. Rischiamo infatti di essere *prosciolti* dal reato di aver offeso il pubblico ufficiale, ma essere condotti in *manicomio criminale*, per un periodo minimo di *2 anni*, allo scopo di essere puniti-curati di quanto abbiamo fatto. Perché? Perché viene ritenuto *insensato* tutto ciò che una persona *insensata* fa.

Se fossimo giudicati come persone normali potremmo rispondere dei nostri reati, assumere tutta la responsabilità e la volontarietà di aver difeso la nostra libertà e, probabilmente, essere condannati ad una pena minima col beneficio della condizionale.

Il TSO è una situazione a rischio. I nostri nervi sono messi a dura prova. L'unica nostra speranza è mantenere, per quanto possibile, il nostro autocontrollo. Ogni nostra reazione produce, oltre al rischio di internamento di cui sopra, anche un attacco psicofarmacologico massiccio che, di fatto, annulla tutte le nostre possibilità di difesa durante il ricovero in ospedale.

Non suggerisco una resa incondizionata all'invasione psichiatrica della nostra esistenza. personalmente solidarizzo con quanti difendono fino in fondo il loro diritto ad esprimersi e a vivere come desiderano, senza piegarsi o accettare compromessi con nessuno. So però che la psichiatria può diventare molto violenta con chi non si sottomette alle sue regole e so che difficilmente si troverà qualcuno disposto a crederci e a difenderci.

Molti fra coloro che hanno subito più di un TSO., e che magari inizialmente si erano opposti con determinazione a tale costrizione, finiscono man mano con l'accettare fatalisticamente ogni ricovero. Non dobbiamo dimenticare che il fine istituzionale della psichiatria è di piegare la nostra volontà. Per far ciò ha creato tecniche e luoghi specializzati e professionisti del *lavaggio del cervello*.

La lotta contro l'arbitrio psichiatrico è impari. Siamo soli di fronte ad un sistema organizzato per il controllo dei nostri comportamenti e della nostra mente e, soprattutto, non troviamo di norma nessuno disposto a riconoscere il nostro *diritto* ad opporci a qualsiasi intervento non richiesto nella nostra vita.

L'unico modo che vedo, per ridurre i danni derivanti dal TSO e praticare una difesa *possibile* da esso, è mantenere dignitosamente la propria *lucidità*, usando tutte le norme a nostra disposizione per ribaltare i rapporti di forza fra noi e i nostri 'curatori'.

Esistono situazioni e contesti in cui la nostra aggressività paga. Nessun medico se la sente di certificare il nostro ricovero per paura delle nostre ritorsioni, i medici del reparto ci dimettono prima perché incontenibili, i nostri familiari non insistono per farci assumere le terapie... Il prezzo da pagare per ritagliarsi questi spazi di libertà però è altissimo: si chiama *isolamento*. Facendo la parte dei 'pazzi furiosi' non allontaniamo solo medicine e medici, ma anche chiunque altro si voglia avvicinare a noi.

La conoscenza delle norme che regolano il TSO ci permette di individuare quali e quante delle azioni che normalmente subiamo dentro un reparto psichiatrico sono, oltre che insensate, anche illegali. Considerato il fatto che le leggi che limitano la nostra libertà, limitano (in teoria) anche quella degli psichiatri, ciò ci permette di aumentare il nostro potere contrattuale all'interno delle istituzioni psichiatriche...senza spargimenti di sangue.

Ma torniamo al TSO. Con la notifica del provvedimento del Sindaco (e soltanto allora) veniamo accompagnati dai vigili urbani presso il reparto psichiatrico di diagnosi e cura che abbiamo scelto, o presso cui si è trovato posto. Contemporaneamente, e comunque entro le *48 ore* successive, il Sindaco deve comunicare al Giudice Tutelare il provvedimento di TSO, affinché questi, *assunte le necessarie informazioni*, lo convalidi. In mancanza di questa convalida, che deve essere effettuata entro le *48 ore* successive, il provvedimento di TSO decade. Il Giudice Tutelare può anche scegliere di non convalidare il provvedimento, rendendolo così nullo.

Il TSO ha per legge la durata di *7 giorni*. E' possibile agli psichiatri del reparto sia richiederne una proroga che proporne la revoca anticipata prima della scadenza naturale. Di questo parleremo fra poco.

Dobbiamo intanto ricordare che è previsto che *chiunque ne abbia interesse* possa proporre al Sindaco ricorso avverso al provvedimento con cui è stato disposto il TSO. Questi è tenuto a rispondere al ricorso entro *10 giorni* (!), disponendo la revoca del provvedimento, ovvero rigettando il ricorso.

Questa possibilità di autotutela, in realtà, ci è generalmente preclusa. Intanto perché i tempi di risposta superano quelli previsti dal ricovero. Poi perché è illusorio pensare che una persona, soggetta al regime del TSO, ricoverata in un reparto, sottoposta a terapia psicofarmacologica massiva, abbia la libertà di articolare un ricorso o le si lasci la possibilità di farlo pervenire alle autorità competenti.

L'eventualità che l'azione di ricorso parta dall'esterno (ad esempio da amici, familiari, associazioni di tutela...), infine, è fortemente limitata dall'impossibilità di accedere agli atti che hanno determinato il TSO (anche se è previsto che l'internato possa delegare altri all'accesso alla propria cartella clinica e alle informazioni che lo riguardano).

Possiamo tentare di invalidare un TSO cercando di individuarne irregolarità nella forma e nel contenuto. Per quanto riguarda il contenuto di quanto viene dichiarato dai medici che propongono il TSO, del Sindaco che lo emette e del Giudice Tutelare che lo convalida, dovremmo dimostrare che non eravamo in una situazione di alterazione mentale tale da essere necessario ricoverarci, oppure che non rifiutavamo le cure o, infine, che qualunque fosse il problema, lo si poteva risolvere diversamente. La nostra parola contro quella degli psichiatri. Il buon senso qui non ha diritto di cittadinanza. Quel che conta sono le certificazioni mediche.

Per avere qualche speranza di invalidare un TSO uno psichiatra dovrebbe dichiarare che i suoi colleghi hanno sbagliato a valutare la situazione o, peggio ancora, hanno dichiarato il falso. Potrebbe bastare anche che le persone intorno si ribellino a ciò che vedono come un sopruso e invalidino tutte le circostanze che vengono addotte dai medici come prova dell'urgenza e della necessità del ricovero. Non dimentichiamo che i TSO non rispondono *mai* ad un'esigenza sanitaria, ma *sempre* a problemi di conflittualità intrafamiliare o di ordine pubblico.

L'altra via per opporsi al TSO è riuscire a dimostrare che non sono stati rispettati tutti i passaggi formali previsti dalla legge. L'irregolarità più comune, mi ripeto, è quella di medici che certificano la necessità di TSO senza averci visto né visitato. Cito questa fra le possibili irregolarità che portano all'annullamento del TSO perché ogni ricoverato ha generalmente una conoscenza diretta dei fatti, piuttosto che delle procedure burocratiche, che riguardano il suo ricovero.

Le irregolarità formali riguardano anche il rispetto dei tempi previsti dalla legge e, soprattutto, l'obbligo imposto ai medici, al sindaco e al giudice tutelare di *motivare* il ricovero.

E' uso comune usare moduli prestampati o indicare a motivazione della richiesta di ricovero una semplice diagnosi. Spesso manca nelle certificazioni anche la dichiarazione che sono presenti nel caso concreto tutte e tre le circostanze che giustificano il TSO.

Esiste almeno un caso di mancata convalida di TSO effettuata dal Giudice Tutelare di Torino per difetto di motivazione (cfr. Decreto della Pretura di Torino 20 settembre 1981 in Appendice). Ma l'assenza o l'insufficienza di motivazione è una prassi ormai consolidata ed è un'altra delle irregolarità formali più comuni a cui possiamo appellarci per chiedere l'annullamento del TSO.

Se si fa ricorso al Sindaco entro le 48 ore successive al ricovero, conviene inviarne copia al Giudice Tutelare competente, chiedendo di non convalidare il TSO e di disporne la decadenza immediata. Ciò senza aspettare la risposta del sindaco che, come abbiamo detto, potrebbe arrivare a ricovero concluso.

Una volta che il TSO è stato eseguito e convalidato dal Giudice Tutelare, e il Sindaco a rigettato il nostro ricorso, possiamo avanzare richiesta di revoca al Tribunale. In questo caso va richiesta la revoca immediata del TSO e si può scegliere di delegare qualcuno a rappresentarci in giudizio quando la nostra richiesta sarà discussa in Tribunale.

Tutte le possibilità di *autotutela* che la legge prevede, si scontrano con la realtà che ai ricoverati psichiatrici (non importa se volontari o coatti) non viene generalmente fornita alcuna informazione sui loro diritti, così come sugli atti che li riguardano.

La loro libertà di movimento, così come la possibilità di comunicare, sono ridotte al minimo. Anzi la *costrizione* e il *sotterfugio* sono considerate strategie terapeutiche. Non è raro sentire uno psichiatra consigliare di versare di nascosto tranquillanti nel latte o contrabbandare una fiala di serenase per un disintossicante. Salvo poi provocare la reazione violenta in chi si accorge del trucco e la sua chiusura a qualsiasi intervento sanitario (anche quando questo non ha a che fare con le cure psichiatriche). In questo come in altri casi, è l'intervento psichiatrico a provocare i comportamenti che dice di voler controllare.

L'opinione circa la necessità e l'opportunità di tener nascosto ai ricoverati psichiatrici ciò che viene loro fatto, è diffusa e condivisa anche al di fuori del mondo psichiatrico. Tanto che, pur esistendo una normativa chiara in materia, esiste una *impunità* di fatto per le violazioni e gli abusi commessi dagli psichiatri ai danni dei loro utenti volontari e involontari.

Bisogna sempre avere chiaro che il potere della psichiatria non sta tanto (o solo) nelle leggi, ma soprattutto nel consenso implicito o esplicito che noi diamo alle sue pratiche. C'è un legame inquietante fra la nostra *paura* della follia e ciò che abbiamo permesso di fare agli psichiatri; fra i nostri *pregiudizi* e l'*impunità* di cui essi godono.

Dal primo momento di ricovero noi dobbiamo chiedere di essere informati su tempi, modalità, tipologie delle *terapie* che ci verranno somministrate. Il fatto di essere sottoposti ad un trattamento sanitario obbligatorio non inficia il nostro diritto a conoscere il tipo di intervento a cui siamo sottoposti e il fine che intende raggiungere. Non solo. Se non abbiamo la possibilità di rifiutare le terapie, ci rimane il diritto di poter scegliere fra un ventaglio di proposte terapeutiche differenziate. La dichiarazione di accettazione della terapia e l'indicazione del tipo di cura che si ritiene necessaria, fanno venire meno uno dei presupposti che motivano il TSO e permettono di opporsi all'imposizione di terapie che riteniamo troppo invasive (come per esempio quelle psicofarmacologiche). La dichiarazione, possibilmente scritta, da consegnare al Primario del reparto e far pervenire al Giudice Tutelare, deve contenere il nostro impegno ad accettare le terapie, l'indicazione di quali terapie riteniamo più idonee e quali dannose alla nostra integrità psicofisica, la diffida ai sanitari di praticare contro la nostra volontà questi interventi, specificando che li riterremo responsabili di qualsiasi danno esse possano arrecarci. (cfr facsimile in Appendici).

Se non abbiamo avuto modo prima, dobbiamo subito chiedere di conoscere gli estremi del provvedimento di TSO che ci riguarda (motivazioni, certificazioni mediche, provvedimento del Sindaco, convalida del Giudice Tutelare...) e, ove si ravvisi un abuso, chiedere di poter comunicare con il Giudice Tutelare competente per territorio (quello operante nel Comune il cui sindaco ha disposto il TSO).

E' importante aver chiaro che *non possono rifiutarsi* di metterci in contatto con il Giudice Tutelare, così come non possono impedirci di comunicare *con chi riteniamo opportuno*.

Il *diritto alla comunicazione* è nostro. Spesso accade che gli operatori del reparto decidano, per esigenze *terapeutiche*, di impedire l'accesso al reparto a persone che vogliamo vedere, consentendolo ad altre che non gradiamo. Questo perché, durante il ricovero, esiste una determinazione costante a piegare la nostra volontà e renderci disponibili alle cure. Questa esigenza *terapeutica* cozza chiaramente con il sostegno e/o l'aiuto che potremmo ricevere da parenti e amici che riconoscono le nostre ragioni. Il diritto alla comunicazione è indisponibile ad altri. La legge prevede espressamente che, seppur coatti, noi manteniamo integro tale diritto. Anzi, è posto fra le possibilità di *autotutela* che abbiamo a disposizione per difenderci da eventuali abusi connessi al ricovero coatto.

Il problema, qui come altrove, è stabilire che margini concreti abbiamo di gestire tale diritto.

In alcuni reparti esistono telefoni pubblici. Nella maggior parte dei casi, la possibilità di comunicare con l'esterno passa attraverso gli operatori. Questi esercitano, com'é prevedibile, a piene mani sia il controllo che il diritto di *veto* su quello che possiamo dire e a chi.

Dobbiamo aver chiaro che non è loro consentito limitare la nostra libertà di espressione di comunicazione. Ogni limitazione è un abuso che va comunicato, in qualche modo, al Giudice Tutelare che vigila sul nostro ricovero coatto. Come? O direttamente, tramite le associazioni di tutela, oppure attivando amici e familiari disponibili. Chiunque ha subito (o rischia di subire) ricoveri coatti, deve tessere una rete di protezione preventiva per poter far fronte a possibili futuri abusi. Un suggerimento potrebbe essere, ad esempio, quello di andare a conoscere e farsi conoscere dal Giudice Tutelare, fornendogli informazioni e comunicandogli le proprie *volontà*.

Altra azione *preventiva*, proposta dallo psichiatra Thomas SZASZ, è quella della stipula di una sorta di *testamento psichiatrico*. SZASZ suggerisce di sottoscrivere, e depositare presso un legale, una dichiarazione in cui si afferma di essere contrari al proprio ricovero coatto e, in ogni caso, si chiariscono le proprie volontà rispetto a ciò che vogliamo ci venga fatto o risparmiato durante il ricovero. Qualcosa di simile è la *procura* elaborata dal Telefono Viola di Roma. Dopo l'enunciazione del proprio rifiuto motivato ad acconsentire alle cure psichiatriche non richieste, la persona delega i legali dell'associazione e i suoi soci a rappresentarlo e tutelarlo di fronte alle autorità psichiatriche. (cfr. *Testamento Psichiatrico* e *Procura* in Appendici)

Nessuno dei due atti legali impedisce di per sè il nostro ricovero coatto in psichiatria. Essi però permettono di attivare forme di tutela effettiva al momento del ricovero. Atti *preventivi* necessari anche in considerazione del fatto che le nostre possibilità di scelta saranno forzatamente limitate (o annullate) dopo il ricovero. Sottoscrivere un atto in cui preventivamente si afferma che, nell'eventualità di TSO, autorizziamo l'associazione o la persona X a prendere visione della documentazione che ci riguarda, permette, ad esempio, di poter praticare nella concretezza le possibilità di tutela previste dalla legge.

Una variazione importante sul tema che propongo è quella di integrare le due formule (enunciazione delle proprie volontà e procura ai legali) e di depositare, o comunque portare a conoscenza del Giudice Tutelare, la nostra dichiarazione. Si ottengono così tre risultati:

1. esprimere in modo compiuto le proprie volontà circa le cure psichiatriche a cui si viene sottoposti;
2. delegare preventivamente legali o associazioni della nostra assistenza e tutela durante il ricovero;
3. attivare automaticamente, in caso di ricovero coatto, l'azione di controllo del Giudice Tutelare (che troppo spesso si limita ad una verifica solo formale del provvedimento inviatogli dal sindaco).

Una dichiarazione così congegnata permette ad altri, da noi scelti, di attivarsi in nostra difesa anche se noi non riusciamo più a spiccicare una sola parola a causa della terapia, siamo legati al letto o ci impediscono di telefonare. E' un lasciapassare importante che permette di rompere l'isolamento e la zona franca in cui la psichiatria è solita operare.

Mentre siamo ricoverati può capitare che, ad ogni nostro accenno di ribellione o di rifiuto, ci si risponda con violenza verbale o fisica, magari legandoci al letto per punizione. Tale pratica, ancora molto diffusa seppure sia stata sostituita dall'uso massiccio degli psicofarmaci, è un residuo delle pratiche manicomiali. Pratica mai dichiarata fuori legge, come del resto nessuna legge ha mai dichiarato illegale la lobotomia o il coma insulinico. Ciò che in qualsiasi altro contesto non sarebbe tollerato e sarebbe definito maltrattamento o violenza, viene trasformato, durante un ricovero psichiatrico, in un intervento terapeutico.

I mezzi di *contenzione*, così come vengono chiamati i metodi più o meno rudi di immobilizzare un essere umano, non sono stati mai aboliti dalla legge. Gli psichiatri possono *legalmente* disporre, in situazioni in cui ravvisano gli estremi di uno stato di necessità (con pericolo grave per l'incolumità della persona loro affidata), che essa venga *contenuta*. Ma tale azione va *motivata* e *limitata* nel tempo.

Qualsiasi sia la motivazione addotta, non è plausibile che si rimanga legati per ore o giorni ad un letto. In questi casi va avanzata denuncia per maltrattamenti e violenze.

A volte la *contenzione* viene giustificata con la necessità di consentire agli infermieri di praticare una terapia iniettiva (flebo) che, a causa del rifiuto della persona, sarebbe impossibile realizzare. Anche in questo caso, e posto che durante il TSO esiste la possibilità di obbligarci a cure che non accettiamo, la *contenzione* può essere denunciata come reato se si protrae oltre il tempo strettamente necessario alla somministrazione della terapia.

Tutti coloro che hanno provato sulla loro pelle la *contenzione* sono concordi nell'affermare il suo carattere prettamente punitivo, aldilà delle *buone* intenzioni addotte dal personale psichiatrico. A volte ci si trova legati per evitare il pericolo di cadere e farci male per la confusione e la mancanza d'equilibrio causata dagli psicofarmaci. Paradossalmente subiamo un'ulteriore violenza per *difenderci* dagli effetti negativi di una terapia che rifiutiamo. Il più delle volte si viene *contenuti* per impedirci di dare fastidio o di scappare, per difendersi e punirci per la nostra resistenza attiva, per piegare la nostra volontà... In ognuno di questi casi l'uso della contenzione è *illegale* e va denunciato.

Ricordiamoci però che ciò che è ovvio nel mondo degli esseri umani, non sempre lo è in quello della psichiatria. dimostrare che ci sia stata violenza nel modo in cui ci hanno trattato in un reparto psichiatrico è cosa molto ardua. Innanzitutto perché chi è considerato un *malato di mente* smette di essere creduto come persona. Poi perché ci è naturale pensare che dai matti occorra difenderci e renderli innocui perché pericolosi. E' possibile allora che qualcuno venga picchiato o di lui si abusi sessualmente, senza che questi abbia la possibilità di denunciare i fatti e far punire i colpevoli.

Chi è disposto a credere ad un pazzo? La sua parola contro quella di onesti cittadini, *sani di mente*, che tentano di guarirlo. La storia ha dimostrato da che parte sta la follia e la violenza, nonostante questo gli internati psichiatrici continuano ad aver meno credito di chi ha praticato per decenni la costrizione, la distruzione sistematica dei corpi, dei cervelli e delle menti di persone loro affidate.

Due consigli pratici per potere impostare un'azione legale contro gli abusi di contenzione fisica subiti in un reparto:

1. presentare al primario del reparto una memoria scritta in cui si denunciano gli abusi subiti, chiedendo che venga inserita in cartella clinica. La legge regionale siciliana sulla tutela dei pazienti dei servizi sanitari prevede, in tal senso, che un cittadino possa dettare note circa il suo stato di salute e quant'altro ritiene necessario da trascrivere nella propria cartella clinica. Questa possibilità va usata anche per dichiarare le proprie allergie agli psicofarmaci, la mancanza di informazioni sulle terapie somministrate, nonchè tutto ciò che si ritiene lesivo della propria salute psichica e fisica;

2. annotare i nomi degli operatori responsabili degli abusi che si intende denunciare e le generalità dei ricoverati presenti in reparto. Se è facile invalidare la parola di un matto, diventa difficile invalidare la testimonianza di più matti.

E' esperienza comune a quanti abbiano richiesto la cartella clinica del proprio ricovero psichiatrico, trovarvi inesattezze e *omissioni* anche consistenti. Le pratiche di contenzione subite spesso scompaiono. Non c'è traccia di tutte le nostre richieste e denunce. Quando si accenna al nostro rifiuto delle cure e alle nostre richieste di dimissione, queste vengono inserite come *sintomi* della nostra situazione patologica. Molte delle affermazioni degli psichiatri si basano su quanto riferito dai nostri familiari. La nostra credibilità viene sempre messa in dubbio, contribuendo a togliere peso a quanto possiamo denunciare in seguito.

La cartella clinica è l'unico documento ufficiale del nostro ricovero. E' importante che in essa compaia il nostro punto di vista, se vogliamo che le nostre denunce vengano prese in considerazione.

Una copia di quanto si consegna al primario va conservata. E' importante fare arrivare copia di quanto consegnato al Giudice Tutelare. Ciò è più facile se ci si è preventivamente tutelati appoggiandosi ad un'associazione per i diritti umani. In ogni caso si può delegare un amico o anche un compagno di prigionia, liberato prima di noi, a far pervenire al Giudice Tutelare la nostra memoria. In ogni caso ricordiamo che abbiamo diritto di comunicare con lui in qualsiasi momento.

Il TSO, come abbiamo detto, ha la durata di sette giorni. Scaduto questo periodo esistono tre possibilità:
1. si viene dimessi;
2. si rimane ricoverati ma in regime di ricovero volontario;
3. si proroga il TSO.

In tutti e tre i casi, la decisione va comunicata al Sindaco che ha disposto il TSO. Nel caso in cui non viene rinnovato, possiamo scegliere se rimanere in reparto o essere dimessi. Abbiamo diritto di sapere se il TSO è stato prorogato e di avere notificato il provvedimento di proroga del Sindaco.

Fra i poteri del responsabile del reparto c'è anche quello di *revocare* anticipatamente il TSO.

La proroga avviene con le stesse procedure che abbiamo descritto per il TSO. Il Sindaco firma il provvedimento sulla base delle certificazioni mediche fornite dai sanitari dell'ospedale e invia il tutto al Giudice Tutelare per la convalida. Anche se non si è fatta alcuna azione di ricorso al TSO, si può avanzare richiesta di revoca all'eventuale proroga (o proroghe) a cui siamo sottoposti. Revoca e ricorsi al Sindaco e al Tribunale, vanno fatti secondo le modalità di cui abbiamo parlato per quanto riguarda il TSO.

APPENDICE

L'accettazione delle cure come autodifesa legale: istruzioni per l'uso

Come già accennato, da alcuni anni i gruppi di tutela antipsichiatrica hanno sperimentato una strategia legale, elaborata dal Comitato d'Iniziativa Antipsichiatrica, che sembra dare finalmente uno strumento pratico a quanti vogliano sottrarsi al Tso e al ricovero coatto presso i reparti psichiatrici.

La strategia, come abbiamo visto, si basa sull'applicazione formale della normativa e, quindi, almeno formalmente risulta inattaccabile.

Delle tre condizioni previste dalla legge come necessarie per l'emissione del provvedimento, quella del *rifiuto delle cure* è l'unica su cui la vittima designata può agire confermandone l'esistenza o meno. Sta a chi è sottoposto ad accertamento sanitario o a chi si trova già ricoverato in Tso presso il reparto psichiatrico, esprimersi circa l'accettazione o meno delle cure.

Da questa sua "scelta" deriva la liceità o meno del provvedimento stesso.

E' chiaro, e lo ribadisco, che qui non si consiglia ne si invita ad accettare interventi e diagnosi che si ritengono altamente lesivi della propria identità e individualità, ma semplicemente di usare in maniera strumentale una possibilità di autotutela che può evitare di essere sottoposti ad un Tso, ovvero può permetterci di chiederne la revoca ed essere dimessi dal reparto in cui siamo stati ricoverati.

Voglio qui occuparmi in particolare dell'uso di questa strategia nei casi di ricovero in TSO (anche se, come vedremo, la stessa strategia è utile anche nel campo dei ricoveri *volontari*).

Innanzitutto va ribadito che come per le altre strategie di tutela, è necessario un appoggio esterno costituito da amici, familiari, associazione di tutela o, meglio ancora, di un legale affinché la nostra dichiarazione, fatta per iscritto e firmata, possa giungere oltre che al responsabile del reparto, anche al Sindaco e, se nell'ambito delle 48 ore dal ricovero o dal rinnovo dello stesso, al Giudice Tutelare.

Occorre infatti che chi ci supporta a raccolga questa volontà ad accettare le cure e inoltri la nostra autodichiarazione, seguita dalla richiesta di revoca del provvedimento di Tso e di relativa dimissione all'autorità competente del caso (il Sindaco) e a chi ha il potere di vigilanza giudiziaria (il Giudice Tutelare).

Il contenuto della dichiarazione/richiesta deve seguire un filo logico-legale che, a partire dall'accettazione delle cure argomenti il venir meno di uno dei presupposti che determinano il Tso e, quindi, avanzi la richiesta di revoca dello stesso e di dimissione dal reparto in ragione del diritto soggettivo a scegliere il luogo di cura in capo ad ogni utente volontario dei servizi sanitari. (vedi schema tipo nella sezione *modelli*)

Spesso ci si fa credere che l'accettazione delle cure equivalga all'accettazione del ricovero. In realtà dal punto di vista giuridico, in qualità di utente volontario io posso scegliere se e quali terapie assumere e se accettare o meno il ricovero. Certo noi sappiamo benissimo che il rifiuto delle prime o del secondo fa spesso scattare il provvedimento di Tso, ma nel momento che dichiariamo di accettarle la normativa in vigore ci dà il diritto di scegliere dove e a chi affidarci.

Per evitare che l'accettazione delle cure si trasformi in accettazione del ricovero tout court, è utile inserire nella richiesta di dimissione la dicitura *"ove i sanitari ritengano indispensabile la somministrazione di tali terapie in ambiente ospedaliero, il sottoscritto si riserva di praticare le stesse presso struttura sanitaria di sua fiducia"*.

Ciò spiega l'utilità della dichiarazione di accettazione delle cure anche nei casi di ricoveri volontari.

Tutti coloro che hanno avuto a che fare con i reparti psichiatrici sanno per esperienza che non esistono ricoveri *volontari*. Durata, modalità e terapie da praticare sono decise unilateralmente dagli operatori. Eventuali richieste di modifica o di dimissione, avanzate dall'utente contro il parere medico, o vengono ignorate ovvero fanno scattare un Tso nei confronti del ribelle.

Diventa così importante, per evitare possibili ritorsioni giuridico-psichiatriche, richiedere la dimissione dal reparto in cui si è ricoverati *volontariamente*, avendo cura di formalizzare una richiesta che, richiamando l'accettazione delle cure (e quindi bloccando *preventivamente* ogni presupposto per il Tso), affermi la volontà della persona di praticare le terapie necessarie presso strutture e sanitari di propria fiducia.

Tale dichiarazione formale consegnata al responsabile del reparto, rende illegittimo e illegale qualsiasi proposta di trattamento sanitario obbligatorio e, soprattutto, avvia una messa in mora della struttura per *sequestro di persona* ove non venga dato immediatamente corso alla nostra dimissione.

(Per ulteriori approfondimenti vedi lo schema-tipo di dichiarazione nella sezione *modelli*).

La strategia di autodifesa proposta prevede due elementi essenziali:

1. il primo a carattere oggettivo, richiede che chi ha già subito un Tso e chi rischia di subirlo, si attrezzi per tempo contattando un legale o un gruppo di tutela, ovvero amici e/o parenti, che possano appoggiarlo nella trasmissione della dichiarazione/richiesta alle sedi competenti

2. il secondo a carattere soggettivo, richiede che chi voglia utilizzare tale strategia assuma, almeno per tutto il periodo che permarrà in reparto prima della revoca del Tso e della dimissione, un atteggiamento conforme alla dichiarazione sottoscritta: in altre parole che accetti materialmente le cure pur se le ritiene inutili e dannose per la sua salute. Questo sacrificio momentaneo è utile ad evitare il prolungamento di terapie e interventi comunque non rifiutabili in regime di Tso, ed è indispensabile per mettere fuori legge qualsiasi tentativo di coazione da parte dei sanitari.

Legge sulla privacy e autotutela: prime indicazioni d'uso

Una volta dimessa, la persona non ha alcun obbligo a dare seguito a quanto dichiarato, né a seguire le terapie prescritte, né a presentarsi ai controlli programmati.

Questo almeno sul piano del diritto. Dal punto di vista pratico la stragrande maggioranza degli utenti psichiatrici involontari vive come se si trovasse in una sorta di regime di libertà vigilata, con la netta sensazione di non avere alcuna difesa e alcun diritto di scelta rispetto a ciò che gli operatori fanno di e su di essa.

Ciò avviene per 2 ordini fondamentali di motivi:

1. il primo ha a che fare con il consenso sociale e familiare di cui godono le pratiche psichiatriche orientate al controllo dei comportamenti indesiderati e non condivisi, tant'è che spesso gli utenti hanno, e non a torto, l'impressione di trovarsi in un vero e proprio *complotto* ordito a scapito della propria libertà;

2. il secondo riguarda il misconoscimento da parte degli stessi utenti dei diritti e delle tutele previste dalla legge e di cui si potrebbero avvalere per rivendicare la loro libertà di scelta

Il risultato pratico di ciò è che spesso le attenzioni e le cure psichiatriche, anche quelle percepite come indesiderate e involontarie, vengono accettate fatalisticamente dalle loro vittime come inevitabili.

In realtà esistono norme che, se agite e fatte valere, possono ridurre in parte lo strapotere e l'invasione psichiatrica nelle nostre esistenze. Norme e pratiche che, paradossalmente, sono attivabili con più facilità da chi vive solo, piuttosto che da chi è *contenuto* all'interno della famiglia.

Se possiamo *diffidare* i servizi psichiatrici dal farci visita a casa e/o possiamo formalmente avvalerci della libertà di scelta del medico e dei servizi di cura, togliendo di fatto il nostro consenso a dette cure. Ciò diventa impraticabile se condividiamo la casa con i nostri familiari e se chi convive con noi non riconosce questo come un nostro diritto, ma piuttosto esso stesso come un *sintomo* della nostra *malattia*.

E' chiaro che il ricatto affettivo e/o materiale che possono esercitare i nostri familiari, convinti di fare sempre e comunque il nostro bene e di tutelare la nostra salute, così come l'alleanza che generalmente si viene a creare fra loro e l'equipe curante, rende molto difficile se non impossibile *mettere alla porta* i servizi, imponendo sempre più spesso alle persone di scegliere fra una *resa* incondizionata ovvero di darsi alla macchia scegliendo la vita di strada.

Nella ricerca di terze vie possibili e giuridicamente praticabili, da alcuni anni insisto nell'esplorare e agire le possibilità offerte ad ognuno di noi sulla normativa sulla privacy e sul trattamento dei dati sensibili (come quelli relativi allo stato di salute) da parte dei servizi sanitari.

Gli adempimenti che derivano da tali normative vengono generalmente vissuti come meri atti burocratici mentre, a ben guardare, essi offrono la possibilità a tutti gli utenti involontari dei servizi psichiatrici di interrompere la comunicazione fra il servizio e i familiari a cui, senza il consenso degli utenti, non potrà essere fornita alcuna informazione circa lo stato di salute, le terapie prescritte e/o praticate, l'andamento del rapporto coi sanitari.

Per esemplificare, i nostri familiari non potranno conoscere la terapia che ci è stata prescritta, né le modalità di assunzione. Gli stessi non potranno essere informati dell'eventuale nostro rifiuto di praticare terapie e/o dei contatti che teniamo con i servizi.

L'autorizzazione al trattamento dei dati personali e le modalità di gestione e comunicazione degli stessi, che viene fatto firmare a ciascun utente (e che può essere modificato in ogni momento), può essere un utile strumento per *estromettere* coloro che percepiamo come contigui alle logiche coercitive del servizio e per *legittimare* coloro che abbiamo scelto quali persone a tutela dei nostri diritti (ad esempio i legali e i soci delle associazioni di tutela).

Con una semplice firma e dichiarazione in un modulo prestampato, si può rendere difficile la vita a chi crede di doverci obbligare a curare anche contro la nostra volontà e allo stesso tempo semplificare e legittimare l'azione di tutela da parte delle associazioni di tutela che usualmente i servizi tengono lontani, guarda caso con il pretesto della legge sulla privacy.

TRATTAMENTO SANITARIO OBBLIGATORIO

COS' E' ricovero psichiatrico coatto (contro la nostra volontà)

CHI LO DISPONE il Sindaco del comune di residenza o presso cui ci si trova

CHI LO PROPONE un medico (non importa se psichiatra o meno, appartenente alla struttura pubblica o privato)

CHI LO CONVALIDA un medico operante nella struttura sanitaria pubblica (spesso l'Ufficiale Sanitario)

QUANDO PUO' ESSERE FATTO quando i due medici di cui sopra dichiarano:
- che la persona è affetta da alterazioni psichiche tali da doversi attivare urgenti interventi terapeutici;
- che la stessa rifiuta tali interventi;
- che non esistano alternative extraospedaliere al ricovero.

CHI VIGILA Il Giudice Tutelare competente nel territorio del Comune che ha disposto il TSO (generalmente operante presso le preture). A lui il Sindaco deve inviare, entro 48 ore dalla firma, il provvedimento corredato dalle certificazioni mediche. Il Giudice Tutelare assunte le informazioni del caso può convalidare o non convalidare il ricovero

DOVE PUO ESSERE EFFETTUATO IL RICOVERO	solo presso i reparti psichiatrici istituiti presso gli ospedali civili.
QUANTO DURA	7 (sette) giorni: Rinnovabili con provvedimento del Sindaco su proposta del Primario del reparto psichiatrico
CHI VIGILA SUL RINNOVO DEL TSO	il Giudice Tutelare. A lui il Sindaco manda il provvedimento di proroga del TSO
CHE DIRITTI ABBIAMO	1. abbiamo diritto alla notifica del provvedimento di TSO. In assenza di questa notifica nessuno può obbligarci a seguirlo o ad assumere terapie (esclusi i casi di comportamenti penalmente rilevanti e i casi in

cui si ravvisino gli estremi dello stato di necessità)

2. abbiamo diritto a presentare ricorso avverso al TSO al Sindaco che lo ha disposto. Questi deve risponderci entro 10 giorni (!): Questo ricorso può essere proposto anche da chi ne ha interesse (familiari, amici, associazioni...). Per ridurre i tempi conviene inviarne copia al Giudice Tutelare, specie se il ricorso parte entro le prime 48 ore dal ricovero (quando presumibilmente non ha ancora convalidato il provvedimento

3. abbiamo diritto ad avanzare richiesta di revoca al Tribunale, chiedendo la sospensione immediata del TSO e delegando, se vogliamo, qualcuno a rappresentarci in giudizio

4. abbiamo diritto a scegliere, ove possibile, il reparto presso cui essere ricoverati

5. abbiamo diritto a conoscere le terapie che ci vengono somministrate e a poter scegliere fra una serie di

alternative
6. abbiamo diritto a comunicare con chi riteniamo opportuno
7. abbiamo diritto ad essere rispettati nella nostra dignità psichica e fisica. Anche se sottoposti a trattamento obbligatorio nessuna contenzione fisica può esserci applicata, se non in via eccezionale e per il tempo strettamente necessario alla somministrazione della terapia. Gli atti di contenzione di natura punitiva sono reati penalmente perseguibili
8. abbiamo diritto a dettare nella nostra cartella clinica ogni informazione riguardante il nostro stato di salute e i trattamenti che riceviamo
9. abbiamo diritto a conoscere i nomi e la qualifica degli operatori del reparto (essi devono indossare cartellini di riconoscimento)

IL DIRITTO ALLA FOLLIA

"...finché il medico le chiese se ritenesse di essere stata aiutata.

Paziente: *No, non lo penso.*

Medico: *Che tipo di trattamento ha ricevuto qui?*

Paziente: *Lobotomia e terapia di shock.*

Medico: *Pensa che le siano state d'aiuto oppure che abbiano rappresentato soltanto una tortura?*

Paziente: *Penso che siano state una tortura.(...)*
Farei molto meglio se l'ospedale mi liberasse.

Medico: *Cosa intende quando dice 'mi liberasse?'.*

Paziente: *Beh,(...) Non sei mai veramente libera.*

Medico: *Ma se lei rimanesse qui con una posizione di lavoro, sarebbe libera di andare e venire secondo gli orari. Sarebbe esattamente come un lavoro.*

Paziente: *No. Voi continuereste a controllarmi, se rimanessi qui.*

Medico: *Intende dire che noi qui controlliamo la sua mente?*

Paziente: *Voi potete non controllare la mia mente, ma io in realtà non possiedo una mente mia.*

Medico: *Cosa direbbe se le offrissimo una posizione di lavoro a....? Sarebbe libera in quel caso? E' un posto molto lontano da qui.*

Paziente: *Qualunque posto avrebbe la stessa struttura di questo. Non sei mai veramente libera; sei sempre una paziente e chiunque sia, che lavori con te, ne è al corrente. E' difficile sfuggire al controllo dell'ospedale.*

Medico: *Questa è la dichiarazione più paranoica che abbia mai sentito.*

Ovviamente, la paziente non fu dimessa ".

(Judy CHAMBERLIN)

Gli accertamenti e i trattamenti psichiatrici sono *di norma* volontari. Cosa significa ciò?Essenzialmente che nessun psichiatra può diagnosticare o trattare una persona come un *malato di mente* senza il suo espresso consenso. Questo è ciò che la legge stabilisce come norma nei rapporti fra cittadini e psichiatria.

Abbiamo già visto che esiste la possibilità di essere obbligati alla diagnosi e alle cure psichiatriche , tramite il T.S.O., ma esso va considerata un'eccezione, limitata a casi specifici e definita per legge.

Di *norma*:

1. è nostro diritto rifiutare la visita psichiatrica;
2. è nostro diritto rifiutare le terapie psichiatriche;
3. è nostro diritto essere debitamente informati sul tipo di terapia che ci viene somministrata, sulla sua natura e sui suoi effetti;
4. è nostro diritto interrompere la terapia;
5. è nostro diritto scegliere il tipo di terapia a cui essere sottoposti;
6. è nostro diritto essere dimessi da qualsiasi struttura psichiatrica su nostra richiesta;
7. è nostro diritto comunicare con chi riteniamo opportuno;
8. è nostro diritto il rispetto della nostra integrità psico-fisica (non possiamo essere legati, nè essere oggetto di violenza fisica o verbale da parte del personale psichiatrico)
9. è nostro diritto conoscere ogni atto che ci riguarda (le certificazioni relative al nostro stato di salute, ad esempio, non possono essere

consegnate ad altri che a noi o a persone da noi delegate);

10. è nostro diritto il rispetto della privacy (e obbligo degli operatori il rispetto del segreto professionale);

11. è nostro diritto conoscere il nome e la qualifica degli operatori con cui veniamo in contatto (è loro obbligo indossare cartellini di riconoscimento);

12. è nostro diritto gestire i nostri soldi (a meno che non siamo interdetti legalmente);

13. è nostro diritto disporre come meglio crediamo di ciò che ci appartiene;

14. è nostro diritto scegliere dove e con chi abitare;

15. è nostro diritto muoverci e viaggiare liberamente;

16. è nostro diritto frequentare gruppi, associazioni e scegliere le compagnie che preferiamo;

17. è nostro diritto non essere usati come cavie inconsapevoli di sperimentazioni di farmaci o trattamenti;

18. è nostro diritto non essere usati come materiale di studio per studenti;

19. è nostro diritto esprimere liberamente le nostre opinioni;

20. ....

In altri termini, pur se diagnosticati 'malati di mente', conserviamo, salvo i casi espressamente previsti dalla legge (T.S.O., interdizione ...), gli stessi diritti e doveri di qualsiasi altro cittadino. In assenza di una sentenza di interdizione, di un provvedimento di T.S.O. e di altro provvedimento dell'Autorità

Giudiziaria, la nostra volontà e il nostro consenso sono gli unici elementi che decidono se una pratica psichiatrica debba essere considerata una *terapia* o piuttosto un *reato*. Tutto quello che ci viene imposto aldifuori della nostra volontà configura gli estremi di reati come il sequestro di persona, i maltrattamenti, le lesioni

....

OSPEDALE PSICHIATRICO GIUDIZIARIO
brevi istruzioni

Non tutti siamo uguali di fronte alla legge. Alcuni di noi, se definiti *malati di mente*, hanno seri problemi ad essere riconosciuti responsabili delle loro azioni, sia per quanto riguarda gli atti di rilevanza civile che penale. L'istituto dell'interdizione legale una volta attivato produce la morte civile dell'interdetto. I suoi atti non avranno più alcuna validità e la gestione della sua vita passerà interamente in mano ad altri.

"La pronuncia dell'interdizione incide integralmente, infatti, sulla capacità giuridica del soggetto, nel senso che essa crea preclusione rispetto a tutte le attività giuridicamente rilevanti. L'interdetto non può far pressoché nulla: tutti gli atti da lui compiuti sono colpiti da **invalidità** *(art. 427, 1° comma, c.c.). Accanto alla disciplina generale dell'istituto si rinvengono poi, nel codice civile, specifiche norme che - in relazione alle diverse situazioni - talora sanciscono l'impugnabilità degli atti posti in essere dall'interdetto* (**contratto**, *art. 1425 c.c.;* **matrimonio**, *art. 119 c.c.;* **riconoscimento del figlio naturale**, *art. 266 c.c.;* **testamento**, *art. 591 c.c.), talvolta precludono in via preventiva all'interdetto la possibilità di compiere tali operazioni* (**matrimonio**, *art. 85 c.c.;* **testamento pubblico**, *art. 591, comma 1°, n. 3 c.c.;* **donazione**, *art. 744 c.c.;* **incapacità di stare in giudizio**, *art. 75 c.p.c.), ovvero dispongono l'automatico scioglimento dei rapporti giuridici costituiti dall'interdetto..".*
(P.CENDON, A.VENCHIARUTTI in AA.VV. 1987, pag. 158)

Come si vede la pronuncia di una sentenza di interdizione toglie agli individui ogni possibilità di scelta o di iniziativa.

Questo non è il solo campo in cui la legge interviene pesantemente per creare un percorso giuridico particolare per chi viene definito *malato di mente*. Ciò accade anche nel campo dell'accertamento della responsabilità penale.

Il codice penale infatti prevede che *"Nessuno può essere punito per un fatto previsto dalla legge come reato se, al momento in cui lo ha commesso, non era imputabile. E' imputabile chi ha la capacità di intendere e di volere"* (art. 85 c.p.). E ancora: *"Non è imputabile chi, nel momento in cui ha commesso il fatto, era, per infermità, in tale stato di mente da escludere la capacità di intendere o di volere "* (art. 88 c.p.)

Queste norme aprono le porte dell'ospedale psichiatrico giudiziario, già *manicomio criminale*, a quanti vengano riconosciuti da un'apposita perizia psichiatrica incapaci di intendere e volere durante un processo penale.

Tranne rare eccezioni, viene operata una correlazione automatica fra giudizio dello psichiatra, non imputabilità e reato. Raramente si accertano i fatti e l'eventuale responsabilità dell'in-imputato. Generalmente si dà per scontato che abbia compiuto il reato di cui è accusato e che lo abbia fatto perché fuori di sé in quel momento. In alcuni casi può non esserci il fatto, ma esso viene solo presunto.

Anna, ad esempio, ha fatto due anni di manicomio criminale accusata di aver bruciato casa. Il fatto è che casa sua è andata in fumo. Che ciò sia successo per sua scelta è solo un'ipotesi, ma viene considerata come se fosse un fatto. Del resto ci troviamo di fronte ad una teoria che ritiene che i nostri comportamenti siano *sintomi* di una malattia e che la malattia si manifesta attraverso i nostri comportamenti. Anna è sicuramente in-colpevole dell'incendio di casa sua perché ci si può aspettare di tutto da lei. Non importa se l'ha fatto: ciò che conta è che avrebbe potuto farlo.

Mi chiedo cosa sarebbe successo se non fosse stata già un utente psichiatrica. Si sarebbe verificato accuratamente se l'incendio era doloso o meno, e, se lo fosse stato, si sarebbero indagate le motivazioni e cercati i colpevoli, che non si sarebbe presunto fosse la persona che la abitava.

Forse Anna ha dato fuoco alla sua casa. Se ciò fosse stato appurato, forse avrebbe potuto dare una sua spiegazione. Probabilmente avrebbe detto ciò che ci si aspetta dica chi compie un atto del genere: che voleva chiudere con il suo passato, distruggere definitivamente quel luogo di ricordi penosi, liberarsene per sempre... Che era insomma in sè ed era questo quello che *voleva*.

Spesso la perizia psichiatrica viene richiesta dal giudice alle prime battute del processo, prima che ci sia qualsiasi possibilità di approfondire e valutare i fatti. Al perito viene posto un quesito in teoria *sensato*, ma in pratica *irrazionale*. Definire se la persona al momento in cui ha commesso il fatto era o meno capace di intendere e di volere e se può in atto essere considerata socialmente pericolosa.

In altri termini si definisce a priori che il fatto sussiste e che la persona abbia commesso il fatto, e si chiede al perito di indagarne le motivazioni. Come valuterà il perito le risposte di chi non ha commesso i fatti di cui è accusato? Essendo uno psichiatra probabilmente tradurrà il tutto in diagnosi psichiatriche, dirà che la consapevolezza della persona e il suo senso della realtà è totalmente viziato, arrivando alla conclusione che la persona era totalmente incapace di intendere e di volere al momento dei fatti e, vista l'assenza di ogni critica, che è socialmente pericolosa.

Potrà sembrare paradossale, ma in oltre 10 anni che bazzico in queste storie di ordinaria follia non ho mai assistito ad un processo penale costruito sul confronto fra accusa e difesa, indipendentemente dalla gravità del reato commesso. Al contrario, se di fronte ai crimini più gravi, l'attenzione dell'opinione pubblica impone un certo approfondimento, in quelli numerosi di lieve entità, la scure della giustizia sommaria si abbatte a volte con cecità inaudita.

Non affermo che dentro i manicomi criminali ci siano *solo* persone penalmente innocenti. Anche se ciò non deve essere taciuto. Affermo che tutte le persone lì rinchiuse sono *responsabili* delle loro azioni.

La gran parte degli avvocati che ho conosciuto condividono il pregiudizio circa la *malattia* del loro assistito. Per cui lo *difendono* dal carcere appoggiando la richiesta di proscioglimento per infermità mentale e non opponendosi al suo invio in ospedale psichiatrico giudiziario (OPG). I giudici, gli avvocati, i familiari, e ogni altra persona *sensata* coinvolta in un processo penale a carico di un paziente psichiatrico, sono concordi nel pensare che egli vada *curato* e che il ricovero in OPG sia un atto non punitivo, ma terapeutico. Del resto psichiatria e privazione della libertà sono sempre andati a braccetto, tanto da confondersi spesso l'una nell'altra.

L'esigenza di *prosciogliere* qualcuno da un reato, dichiarandolo *non imputabile*, può sembrare un'esigenza di tutela. In realtà, nel campo della cosiddetta *infermità mentale*, l'esigenza prioritaria è negare *senso* alle azioni del folle ed evitare ancora una volta di confrontarvisi. Come per il trattamento sanitario obbligatorio, anche qui l'elemento che trasforma una violenza in un fatto *terapeutico* è il preventivo giudizio di insensatezza delle azioni, dei pensieri e del discorso dell'altro. Quando chiediamo di *prosciogliere* qualcuno, affermiamo implicitamente che non è *colpevole* delle sue azioni. Il che equivale a dire che noi non siamo *colpevoli* delle nostre reazioni. Se leghiamo qualcuno al letto perché ha divelto le finestre del reparto per scappare, lui

114

non è colpevole e quella non è una punizione: l'unico colpevole è la *malattia* e quella è la sua *cura*. Per questo nessuno di noi è *colpevole* per le lobotomie, l'elettroshock, l'internamento a vita...

Se dichiariamo qualcuno non imputabile non è certo per fargli un regalo. Al contrario. Se egli evita il carcere, ha buone probabilità di incorrere in una misura di sicurezza e finire rinchiuso in OPG per un minimo di 2, 5 o 10 anni, a seconda del reato contestatogli. Il lasciapassare per l'inferno manicomiale è dato dal giudizio di *pericolosità sociale* che il giudice può ricavare dalla perizia psichiatrica disposta o dalla valutazione dei fatti e delle circostanze inerenti il reato, compresa la previsione che la persona possa porre in essere altri reati.

Il *proscioglimento* per infermità mentale non provoca automaticamente l'internamento in OPG. Esso deve essere perfezionato dal giudizio di pericolosità sociale. Se, pur prosciolti dal reato, si dimostra di non essere persone socialmente pericolose, in teoria si può tornare liberi senza che ci venga comminata alcuna pena o misura di sicurezza.

Questo passaggio è molto importante per cercare di costruire ipotesi di difesa dall'internamento. Così come è importante impostare una linea difensiva che rifiuti la perizia psichiatrica e porti ad una verifica dei fatti in sede giudiziaria. Dobbiamo chiedere in altre parole di essere giudicati per ciò che abbiamo fatto e non per quello di cui siamo accusati, anche se questo ci espone al rischio di finire in galera.

Ciò per una serie di motivi. Primo fra tutti il fatto che l'ospedale psichiatrico giudiziario è, nei fatti, una prigione. La sua gestione dipende dall'amministrazione penitenziaria e il suo regolamento è quello delle carceri. Secondariamente perché alla misura afflittiva propria del carcere esso somma la coartazione tipica degli ospedali psichiatrici. Infine perché, a differenza di ciò che appare a prima vista, l'internamento in OPG può trasformarsi in una condanna all'ergastolo, indipendentemente dal reato commesso o di cui si è accusati.

Provo a spiegare quest'ultimo punto.

Una persona che minaccia il medico che ha richiesto il suo trattamento sanitario obbligatorio, può essere prosciolto dal reato contestatogli, visto che non troviamo *sensato* manifestare un sentimento di ingratitudine verso chi ha permesso il nostro internamento. Egli, poi, sarà facilmente riconosciuto socialmente pericoloso poiché è presumibile che torni a minacciare il medico, che è presumibile che torni a minacciarlo con un ulteriore TSO. Non verrà quindi giudicato ma costretto alle *cure* presso un OPG per un periodo di almeno di 2 anni. Quella che gli viene comminata si chiama in termini giuridici *misura di sicurezza*. In pratica è una *pena* senza limiti di durata. La legge stabilisce infatti solo la durata *minima* dell'internamento. A conclusione di questo periodo viene fatto un *riesame della pericolosità* e se gli operatori che ci custodiscono, ci puniscono e ci curano, ritengono che siamo ancora socialmente pericolosi, ci viene comminato un ulteriore proroga della misura di sicurezza (in genere 6 mesi).

Si può entrare in un manicomio criminale per aver minacciato o reagito ad un operatore o un vigile urbano in risposta ad un loro atto di autorità e prevaricazione nei nostri confronti e rischiare di non uscirne più. Ciò indipendentemente dalla nostra buona condotta. Vantando funzioni di *cura* e di risocializzazione, l'elemento che ha più peso nel *riesame di pericolosità* è la risposta alla domanda 'C'è qualcuno, da qualche parte, disposto a riaccoglierlo e a garantire per lui?' Se non si trova un riscontro positivo a questa domanda, la persona resta dentro ad infinitum.

Tutto ciò ci sembra sensato, perché riteniamo che gli internati in OPG abbiano compiuto reati contro la loro volontà e, quindi, crediamo che vadano controllati costantemente, se non in carcere a casa, agli arresti domiciliari psichiatrici o al confino forzato in qualche comunità psichiatrica. Entrati in OPG difficilmente si esce se qualcuno non ci reclama, difficilmente si torna ad essere persone libere.

Sono d'accordo con lo psichiatra A. MANACORDA quando afferma che è

> "...maturo il momento di cominciare a pensare alla persona con disturbo psichico come ad una persona che, analogamente ad ogni altra, può e deve essere ritenuta nella debita misura titolare dei suoi atti, e quindi in grado di risponderne, se del caso anche di fronte all'istanza penale " (A. MANACORDA 1988, pag. 29)

Sono d'accordo nel proporre l'*abolizione* delle norme sul proscioglimento per infermità di mente, come l'unica strada concreta di chiusura degli ospedali psichiatrici giudiziari. Non solo. Ritengo che a giudicare secondo le leggi vigenti, molte delle persone in atto rinchiuse in OPG potrebbero essere già libere e altrettante non sarebbero mai state recluse.

Spesso da più parti si afferma che abolire il *proscioglimento* per infermità mentale, coincide con il rischio concreto, per le persone dichiarate folli, di finire in galera. Tale sensibilità, che dovrebbe valere per ciascuno di noi, finge di non vedere e di non sapere che l'ospedale psichiatrico giudiziario è, nei fatti, un carcere. Non solo con il proscioglimento non si evita la pena, ma ci si impedisce anche di difenderci e di far valere le nostre ragioni.

"Se riconosciamo alla persona con delirio di persecuzione lo status soggettivo di persona perseguitata, non vi è alcun motivo di considerarla non imputabile. Ritenerla tale vuol dire infatti non poterla chiamare a rispondere penalmente dei suoi atti. E' come se dichiarassimo che, siccome è delirante di persecuzione, ogni gesto che faccia, ogni scelta che compia, è sotto il profilo giuridico automaticamente invalidato dalla sua condizione psicopatologica. Se invece teniamo ferma la sua condizione soggettiva, una volta che lo si sarà considerato comunque imputabile, egli potrà essere giudicato - e se del caso sanzionato - alla stregua di chiunque altro.

Non sarà quindi perseguibile per calunnia, se abbia denunciato il presunto persecutore: egli infatti, in tal caso, lungi dall'incolpare di un reato 'taluno cge egli sa innocente' (art. 368 c.p.), si rivolge in modo putativamente motivato e soggettivamente legittimo all'autorità, perché tuteli nelle forme di legge quegli interessi che egli avverte lesi. Se avrà ingiurato, minacciato o percosso il presunto persecutore, si esaminerà la fattispecie tenendo sempre conto della condizione soggettiva dell'autore del reato. Se infine lo avrà ucciso, sarà responsabile di un omicidio alla stessa stregua di chiunque uccida chi realmente lo perseguita: ed il fatto di essere stato (o di essersi sentito) perseguitato potrà, a seconda dei casi, essere ritenuto una circostanza attenuante (per esempio per aver agito in stato d'ira determinato da un fatto ingiusto altrui, cosiddetta provocazione, art.

62, 2, c.p.); o invece aggravante (ad esempio, per aver agito per motivi abietti o futili, art. 61, 1, c.p.).

Se poi la persona con delirio di persecuzione abbia ucciso il presunto persecutore perché, ad esempio, a causa di un'allucinazione lo vedeva in quell'istante armato contro di lui e concretamente pronto ad ucciderlo, allora potrà, come chiunque altro in circostanze analoghe, essere assolta per aver agito in stato di legittima difesa putativa ". (A. MANACORDA 1988, pag. 26)

Ciò che viene definito *delirio di persecuzione* dagli psichiatri è la convinzione soggettiva che altri voglia farci del male, anche se questi lo nega e nessuno è d'accordo con noi. Un'idea di tale natura, come ho cercato di mostrare in questo libro, non può essere considerata *sintomo* di nessuna malattia. Come ogni altra idea sulla natura dei nostri rapporti con gli altri può essere giusta o errata, dimostrabile o meno, condivisa o rifiutata, ma a rigor di logica non può essere annullata.

Non dimentichiamo che con questa etichetta sono tacciati da decenni coloro che semplicemente rifiutano di essere aiutati dalla psichiatria e definiscono questo *aiuto* come una violenza nei confronti della loro mente, del loro corpo e della loro vita.

I reati commessi da persone etichettate *malate di mente* non sono qualitativamente diversi da quelli commessi da persone ritenute, a torto o a ragione, *sensate*.

L'esempio di MANACORDA citato dimostra quale scenario possibile di analisi e di confronto potrebbe aprirsi se accettiamo di riconoscere *verità* soggettiva alle nostre opinioni e ai motivi che ci spingono ad agire. Non c'è infatti alcuna valida ragione che può farci giudicare *sensato* l'omicidio commesso da un uomo geloso tradito dalla moglie e *insensato* quello commesso da un uomo geloso che riteniamo non abbia motivo di esserlo. Il fatto di valutare in maniera errata una situazione, infatti, non ci rende meno responsabili di quello che facciamo.

Credo che spesso *scegliamo* di agire in modo inaccettabile agli altri. Altre volte siamo costretti a farlo. Sempre siamo coscienti di ciò che stiamo facendo anche se non sempre sappiamo prevederne i risultati. In ogni caso ne siamo in tutto o in parte responsabili. In ogni caso la responsabilità è un fatto che riguarda noi e le nostre relazioni con gli altri. Nessuna *malattia* può essere responsabile delle nostre azioni.

CONTRO GLI AB/USI PSICHIATRICI
breve guida all'auto-organizzazione

La possibilità di difenderci dalla psichiatria è *anche* questione di organizzazione. Una volta aver chiarito a noi stessi il ruolo, la natura e i mezzi della sua violenza, dobbiamo in qualche modo organizzare una *resistenza attiva* alle sue pratiche e rilanciare la possibilità di un suo superamento.

Il confronto con la psichiatria va aperto a tutti i livelli in cui opera. Quando pensiamo ad organizzarci dobbiamo pensare a costituire delle realtà capaci di impedire (o rendere ardui) i ricoveri coatti, ma anche di smascherare l'inconsistenza scientifica e il valore metaforico delle malattie e delle terapie psichiatriche. Realtà che assistano legalmente quanti si vogliano opporre alla loro interdizione legale, ma che servano anche da punto di riferimento e di auto-organizzazione per quanti vivono una guerra quotidiana, personale e iniqua con la psichiatria.

L'organizzazione di gruppi antipsichiatrici ha un duplice valore. Permette di avere (e di mettere) a disposizione risorse per quanti vogliano concretamente liberarsi dalla coazione psichiatrica. Incrina il potere psichiatrico che si fonda sull'assunto della diversità ontologica dei suoi pazienti e sull'impossibilità di dar loro credito. Costituire gruppi che credono a quanto i 'pazienti' dicono e cercano di realizzare e comunicare ciò che pensano, aldilà della loro consistenza numerica, è un modo efficace di mettere in crisi la legittimità dell'intervento psichiatrico. Sembra ovvio, ma nessuno di noi può essere sottratto alla sua vita se è (e rimane) significativo per qualcuno, se è riconosciuto e apprezzato per quello che fa e dice, se è appoggiato, se qualcuno condivide o rispetta i suoi punti di vista. Se grido da solo in una piazza sono un matto, se lo facciamo in tanti è una manifestazione di libero pensiero. Torneremo su questo.

Adesso mi preme puntualizzare l'ambiguità implicita in ogni nostra azione *a favore*, *per* o *con* i cosiddetti pazienti psichiatrici. In genere giochiamo con lo stesso mazzo di carte con cui gioca la psichiatria, credendo di poterne ribaltare il significato. Ma il mazzo è truccato e noi spesso abbiamo riaffermato in pratica ciò che, in teoria, negavamo.

E' la storia dell'esperienza basagliana in Italia, ridotta oggi a gestire il nuovo sistema di controllo psichiatrico delle nostre emozioni e dei nostri comportamenti. Ma anche la storia di quanti, fra chi ha scelto di fare a meno della psichiatria, si sono lasciati tentare dalla possibilità di costruire luoghi *per* rispondere a domande mai poste o di organizzare scuole di pensiero, competenze, specialismi.

Il pregiudizio che si abbia che fare con una categoria di persone caratterizzata dalla presenza nel loro modo di essere, pensare o comportarsi di *qualcosa* di irriducibile alla normalità, che hanno bisogno perciò di relazioni, persone o luoghi specifici *adatti* a loro, attraversa la storia del nostro rapporto con le esperienze e le persone non ordinarie. Nessuno ne è esente, pochi ne sono consapevoli.

Non si spiegherebbe se no la sincera veemenza con cui gli psichiatri alternativi lottano contro la riapertura dei manicomi, pur avendone riprodotto la logica e i fini. Oppure certe affermazioni e pratiche 'antipsichiatriche' che propongono *terapie* alternative e *luoghi* terapeutici adatti per intraprendere il viaggio interiore dentro se stessi.

Sento di lottare ogni giorno contro questo pregiudizio, evitando di pensare e di agire come se veramente esistesse un *noi* e un *loro*. Intanto perché non riesco a identificarmi con coloro che condividono la mia percezione della realtà (ivi compresi gli psichiatri), poi perché non riesco a intravedere alcuna somiglianza o identità sostanziale nel modo di pensare, di essere o di percepire di coloro che hanno subito il giudizio psichiatrico. Non esiste una categoria di persone che abbia come caratteristica la normalità, così come non esiste una categoria di persone che incarni l'antinorma.

La *malattia mentale* non è una condizione ma una *carriera sociale*. Due pazienti psichiatrici non sono più simili fra di loro di quanto lo siano due psichiatri. Le somiglianze nel loro modo di agire e reagire derivano dalle norme sociali che regolano la loro posizione e i loro rapporti con la realtà sociale in cui vivono. Alcuni fatti che ci sembrano caratteristici della malattia mentale, sono in realtà caratteristici del tipo di risposta istituzionale che diamo ai conflitti interumani e alla peculiarità della teoria e pratica psichiatrica. Quando, ad esempio, ironizziamo che è tipico dei matti negare di esserlo, ciò può voler dire che c'é qualcosa di sbagliato in questo giudizio. Non è sensato saltare alla conclusione che l'essere in disaccordo con il proprio psichiatra o la propria famiglia sia segno di malattia mentale. Diciamo che è tipico o caratteristico degli esseri umani che non condividono la nostra visione delle cose, imputare ciò a qualcosa di diverso dalla nostra volontà e dalla nostra libera scelta. Non possiamo credere che le persone pensino davvero quello che dicono, non possiamo accettarlo e, per evitare il penoso compito di negarlo, neghiamo che abbiano potuto dirlo o pensarlo liberamente.

Rifiutare la diagnosi psichiatrica non è una caratteristica tipica dei malati di mente, ma un istinto di sopravvivenza innato in ogni essere umano. Paradossalmente sarebbe *patologico* il contrario.

Credo che dovremmo liberarci dalla necessità di elaborare una teoria omnicomprensiva del modo di sentire e di essere degli esseri umani. Innanzitutto perché ciò è probabilmente impossibile, poi perché, nel definirli, i sentimenti diventano cose e le persone smettono di essere tali.

Il nostro fine potrebbe essere solo quello di *rendere possibili le persone*. Astenerci dal definirle, proteggerle, spiegarle o usarle come prova della nostra normalità. Accettare e riconoscere la legittimità del loro modo di pensare e di essere.

Cosa fare? Cosa evitare? E come?

Le reti nonpsichiatriche

Uno dei sentimenti più comuni che ci assale di fronte alle immagini dei *luoghi* psichiatrici, con la loro violenza e il loro squallore, è che occorra ospitare quegli uomini e quelle donne in *luoghi* più umani e decenti. Ci sembra rivoluzionario, ma è lo stesso motivo che mosse gli psichiatri a costruire i manicomi, per strappare i malati di *mente* dai lebbrosari, dai carceri e dalla strada. Come in un gioco di scatole cinesi, liberati da una scatola, ci troviamo prigionieri di un'altra scatola. Luoghi e spazi sempre più ristretti fino a che il nostro corpo coinciderà con le pareti della scatola. Fino a che saremo solo scatole vuote riempite dalle idee, dalle scelte, dalle emozioni altrui.

L'idea di creare case particolari dove ospitare le persone, luoghi ad hoc dove permettere che si divertano, cooperative speciali per farle lavorare... non è una conseguenza di una qualche diversità propria di quelle persone, ma il tentativo di creare per loro uno *statuto speciale* per giustificare l'esistenza degli specialisti che se ne occupano. Passa l'idea che un matto non possa abitare una casa *ordinaria*, sostenere i ritmi di un lavoro *normale*, divertirsi con ciò che usualmente le persone comuni usano a questo scopo. Il che equivale a dire che chi non sa (o non vuole) abitare una casa, sostenere il lavoro o divertirsi in maniera ordinaria, può a tutti gli effetti essere definito un matto. Credo che le nostre organizzazioni nonpsichiatriche debbano evitare di creare *luoghi*. Evitare in qualunque modo di *duplicare* gli spazi di vita individuale e collettiva in cui normalmente viviamo. L'idea è quella di *usare* e *trasformare* la realtà, non di subirne o doppiarne la violenza.

Per fare questo occorre che spostiamo la nostra attenzione dalle vittime ai mandanti, dalla follia alla normalità, da *loro* a *noi*. Nella realtà c'è già tutto quello che ci serve: dobbiamo solo accettare di usarlo.

Non penso a gruppi che si sostituiscano alla psichiatria nell'ascolto o nella interpretazione di quanto le persone dicono. O, peggio ancora, che sostituiscano le persone che abbiamo accanto, cercando di essere la nostra famiglia, il nostro datore di lavoro, il nostro amico... Che ciò accada è altra cosa. Ha a che fare con la nostra natura umana.

Penso ad un gruppo nonpsichiatrico come una *rete* di persone e occasioni ordinarie che permettano di muoversi e comunicare senza fare (o aver) paura. Un gruppo di persone che pratica il confronto attivo con i comportamenti e le esperienze *stra*ordinarie e testimonia la possibilità di uno scambio, di una tolleranza e di una dialettica fra i possibili mondi della percezione umana.

La possibilità di creare *reti* di questo tipo non è collegata solo all'assunzione di una posizione critica rispetto alla psichiatria e neanche all'accettazione della sfida antipsichiatrica. Le *reti* nonpsichiatriche sono organismi viventi, fatte di persone con una loro storia, uno status e una carriera sociale. La possibilità che esse funzionino da *ripetitori* o *amplificatori* delle ragioni della follia, deriva in gran parte dal ruolo e dalla posizione che le persone che le compongono hanno nel contesto umano e sociale in cui vivono.

Chi non ama il luogo in cui vive e le persone con cui condivide la quotidianità, difficilmente riuscirà a trasmettere alcunché di se stesso o di altri. Nessuna emozione passerà attraverso di lui. Il suo stare dalla parte di chi rischia un ricovero psichiatrico sarà solo un altro elemento che riguarda il suo modo di essere e il ruolo che ha scelto (o a cui l'hanno obbligato). Il suo impegno sarà solo un pretesto per rivendicare la *sua* diversità.

Se prendiamo il caso dell'uomo che urla. Non sempre egli viene lasciato da solo. A volte scatta il riconoscimento, la solidarietà, la condivisione, aldilà della sensatezza di ciò che egli dice, fa o vuole. Un gruppo nonpsichiatrico è un modo di allargare la normale alleanza che scatta fra le persone, anche in aree e rispetto ad esperienze che sono state scacciate fuori dall'ordinaria visione del mondo.

Lì dove la psichiatria impone il silenzio, il gruppo svela, rivela, scopre, realizza il *delirio* come una forma di conoscenza del mondo e di sé, come un valore, una verità, anche quando sofferta, inquietante, impensabile o divina.

Per far ciò la sola cosa che ci serve è il nostro corpo e la nostra mente. Tutto il resto sta già nella realtà quotidiana: basta usarlo.

Di fronte ad Ivan che abita in un albergo in costruzione, privo di mezzi di sussistenza, così come da ordini dei suoi superiori non umani, possiamo offrirgli di ospitarlo, chiedere al comune di fornirgli un alloggio, cercarlo noi stessi, fare colletta, attivare la mensa scolastica o procurargli dei buoni pasto... trattare con lui come con chiunque si trovi in quella situazione precaria. Anche l'indifferenza è un sentimento ordinario accettabile, rispetto a chi interpreta questa sua scelta come frutto di malattia e ritiene, a priori, che il suo bisogno sia quello di smettere di sentire e di obbedire agli ordini degli esseri con cui comunica, di lasciare la casa in costruzione ed essere ricoverato in un luogo adatto al suo caso.

Un'azione nonpsichiatrica non sindaca sulle *ragioni* di Ivan. Propone risposte concrete a domande esplicite. Se Ivan non accetta di usare le nostre case e il nostro cibo, se non accetta cioè di sedare le *nostre* ansie e le *nostre* paure, rispettiamo le sue ragioni e cerchiamo con lui il modo migliore per realizzare il suo compito, rivendicando il suo diritto a pensarla come vuole e a fare di sè e della sua vita ciò che crede più opportuno. Certo può sbagliare e pentirsi di quello che oggi sta scegliendo, ma chi è immune all'errore e chi non obbedisce ad alcun ordine?

Se Ivan se ne sta al freddo fuori dal nostro controllo e dalla nostra pietà, ci impone un confronto fra la nostra visione delle cose e la sua. Non uno scontro. Non c'è in Ivan neanche la lontana parvenza di quella idea ossessiva che sembra muovere noi. Lui non vuole imporre il suo punto di vista, né vuole che noi abbandoniamo le nostre sicure e segrete case. Vuole solo poter vivere secondo ciò che sente, crede o sceglie.

Un gruppo nonpsichiatrico non solo è una *rete* che gli permette di sopravvivere in una realtà che escludendo la sua mente, esclude anche il suo corpo. Un matto si ha paura di servirlo, farlo entrare in un bar, ospitarlo in pensione, affittargli una casa, dargli in sposa una figlia, assumerlo per un lavoro, invitarlo ad una festa, sedervisi accanto sul treno, stringergli una mano... Ivan rischia di essere distrutto a meno che non accetti le *cure*. Se si *cura* avrà anche il cibo, qualcuno gli affitterà una casa e gli offrirà forse anche un lavoro. Deve solo smettere di *obbedire* alle sue voci e imparare ad *obbedire* ai medici. Un gruppo nonpsichiatrico è anche un gruppo di persone che difende con lui la sua scelta e il suo diritto all'esistenza.

Ho già detto, e non lo ripeterò mai abbastanza, che uno degli strumenti più efficaci che ha la psichiatria per obbligare le persone alle sue cure, è il consenso e la delega che noi le concediamo. Nessuno potrebbe essere diagnosticato o ricoverato contro la sua volontà se non ci fossero *mandanti*. Nessuno psichiatra si occuperebbe di Ivan se nessuno di noi si sentisse disturbato dal suo comportamento, inquietato dal suo modo di vivere, impaurito da ciò che può fare. Se affrontassimo questa impasse così come comunemente affrontiamo i conflitti e le divergenze che nascono fra di noi, non ci sarebbe spazio per la psichiatria. Se dessimo valore, pur non condividendolo, a ciò che Ivan fa, se ci confrontassimo con lui e gli chiedessimo di spiegare o ci spiegassimo, probabilmente non ne avremmo più paura e considereremmo *sensata* la sua scelta (almeno quanto riteniamo *sensato* abitare un casa o obbedire alle leggi penali).

Nella mia esperienza   (cfr. G. BUCALO 1993) il superamento della psichiatria è sempre nato da un farne a meno unilaterale e senza condizioni. Se non si è disposti ad ascoltare Ivan, non si potrà evitare di ascoltare noi. Il nostro prendere posizione, non solo rispetto all'eventualità di curare Ivan contro la sua volontà, ma anche rispetto a come considerare quello che dice, fa o pensa, riporta Ivan ad essere e rimanere un essere reale, la cui volontà e libertà di scelta non può essere azzerata o aggirata.

Il problema allora non sarà più come convincere Ivan a curarsi, ma come si convive e si interagisce con lui e le sue scelte.

Le soluzioni a questo quesito sono infinite e riguardano le persone coinvolte. Trovarle non riguarda il gruppo. Ripeto l'unica nostra finalità è *rendere possibile* ciò.

Il soccorso viola

Da alcuni anni il movimento nonpsichiatrico si è dotato di questo strumento di tutela dei diritti degli utenti dei servizi psichiatrici. Una linea telefonica che mira a raccogliere le denunce di abusi psichiatrici e sostenere quanti vogliano intraprendere un'azione legale contro di essi.

L'idea non è originale. Ricalca esperienze analoghe che si sono radicate nel tessuto civile rappresentando validi strumenti di autotutela collettiva. In campo psichiatrico, tale iniziativa ha però una valenza culturale *rivoluzionaria*. Affermare, infatti, che gli utenti psichiatrici abbiano dei diritti, significa esplicitamente affermare che essi hanno volontà, soggettività e capacità di scelta.

Non parlo di un'opinione, ma di un *fatto* giuridicamente sancito. Da quasi 20 anni esiste una normativa che dice che gli accertamenti e i trattamenti psichiatrici sono *volontari*, riconoscendo così il *diritto* ai cittadini di scegliere *se* diventare pazienti psichiatrici e *se* accettare di essere trattati come tali.

Il Telefono Viola nasce per tutelare questi diritti e praticare queste norme.

Per organizzare un telefono viola occorre:

1. costituire il gruppo degli operatori. Si può scegliere di costituire un'associazione legale ma ciò non è strettamente necessario. Uno statuto legale permette di accedere a finanziamenti pubblici, ma in quanto a rappresentatività non vi è alcuna differenza con un'associazione di fatto, fondata cioè su un libero accordo dei soci (cfr. *Libero accesso a chiunque nel manicomio di Bisceglie*, in Appendici)

2. reperire tutti i riferimenti legislativi che regolano il settore psichiatrico e quello dei diritti degli utenti dei servizi sanitari, sia nazionale che regionale, sia in campo penale che civile;

3. reperire una sede, meglio se autofinanziata, e installare la linea telefonica con annessa segreteria;

4. contattare e prendere accordi con uno o più avvocati per consulenze legali. Meglio se questi sono motivati e organici al telefono, magari con un giorno di presenza fisso presso la

sede. Il grande luminare del foro può essere di lustro all'iniziativa, ma ha poco effetto pratico. Consiglio avvocati anche di poca esperienza ma disponibili ad attivarsi nella ricerca di fonti e norme che possano esserci utili nella difesa legale dagli abusi psichiatrici;

5. contattare il Giudice Tutelare del territorio in cui si ha sede. Con lui si avrà a che fare spesso. Egli va informato di ogni atto o richiesta elaboriamo in favore o per conto dei ricoverati coatti;

6. contattare il Sindaco del comune in cui si ha sede e concordare con lui (o chi per lui) la possibilità di accedere alle informazioni riguardanti i TSO da lui firmati. Si può proporre che essi ci vengano notificati contestualmente alla notifica obbligatoria al Giudice Tutelare;

7. concordare con le autorità sanitarie le modalità di accesso presso i reparti psichiatrici e le strutture private convenzionate. Non dobbiamo chiedere (ne abbiamo bisogno di) alcuna *autorizzazione*. Come cittadini noi siamo già autorizzati ad entrare nelle strutture sanitarie secondo i tempi e le modalità previste per le visite. Dobbiamo solo concordare i giorni della nostra presenza e organizzarci per garantire all'interno dei reparti una presenza stabile;

8. elaborare insieme ai legali strumenti di tutela *preventivi* (Procura, Testamento Psichiatrico...) avendo cura di coinvolgere o comunque informare il Giudice Tutelare;

9. organizzare dei turni di ascolto diretto e apertura della sede sociale per ricevere segnalazioni e denunce e funzionare da punto di riferimento per chi ci contatta;

10. organizzare una pubblicizzazione adeguata e costante dell'iniziativa privilegiando il contatto diretto con gli utenti nei luoghi di *cura* (ambulatori psichiatrici, case famiglia, reparti...);

Questi solo alcuni dei suggerimenti pratici che mi sento di dare.

Esistono invece una serie di questioni aperte che val la pena affrontare. Prima fra tutte il problema se usare o meno degli psichiatri come consulenti. Esistono una serie di situazioni, in cui ci si viene a trovare gestendo un'attività di tutela, che suggeriscono la possibilità di usare psichiatri per tentare di mitigare o superare una situazione di coazione psichiatrica. Situazioni in cui non abbiamo alcun appiglio legale per agire. Un esempio per tutti. Gigi si reca al pronto soccorso perché sente che il suo stomaco sta per esplodere. I medici che lo accolgono decidono che non si può credere a quello che dice, che è confuso, delirante e, quindi, malato di mente. Chiamano una consulenza psichiatrica e Gigi viene ricoverato in T.S.O. presso un reparto psichiatrico. Immaginiamo che, da un punto di vista formale, tutti i passaggi siano stati rispettati (i medici hanno certificato e motivato la loro proposta, il Sindaco ha emesso il provvedimento e il Giudice Tutelare l'ha convalidato). Gigi non ha nessuna possibilità di sottrarsi alle cure se non dimostrare che non era in condizioni di alterazione tali da essere necessario ricoverarlo. Chi può accertare questo? Solo un altro psichiatra. Accade così che, nella nostra urgenza di salvare Gigi, usiamo la scienza psichiatrica per tentare di invalidare se stessa. E invece molto probabilmente la rafforziamo.

Non possiamo sperare di agire in questo campo senza sporcarci le mani con dei compromessi, ma possiamo evitare di rafforzare il mostro che diciamo di voler neutralizzare. Come? Nell'esempio che ho fatto, facendo sottoscrivere a Gigi una dichiarazione di accettazione delle cure, magari esplicitando quali fra le terapie psichiatriche egli ritenga più consone a lui. E' un compromesso, ma fa venir meno uno dei presupposti fondanti il trattamento sanitario obbligatorio.

Accettare le cure è un compromesso ma soprattutto è un atto di sopravvivenza individuale. Accettare la consulenza tecnica di uno psichiatra è, al contrario, un rafforzarne, sulle spalle della persona, il potere e il diritto di decidere della sua esistenza. Nel primo caso la resa è un'accusa della natura violenta e inumana della psichiatria. Nell'altro si rafforza l'idea che ci sia una psichiatria buona e una cattiva, una che diagnostica per rinchiudere e una per liberare.

Il pericolo sempre in agguato è che possiamo essere noi a scegliere il compromesso *per* il bene altrui. Non siamo delegati per prendere iniziativa sulla pelle degli altri. Dobbiamo rispettare la loro testarda ostinazione a considerarsi esseri umani e a pretendere di essere trattati come persone, sempre.

Ci sono un'infinità di altre situazioni in cui la mediazione psichiatrica ci permetterebbe, forse, di evitare danni ulteriori. Si pensi al proscioglimento per infermità di mente e al manicomio criminale o all'interdizione civile. Ma in ogni caso credo si debba cercare di trovare strategie che evitino di confermare la natura del potere psichiatrico. In questo consiste del resto la nostra sfida, nel trovare strade per *fare a meno della psichiatria*.

Possono giungerci richieste di aiuto non in linea con quanto pensiamo. Alberto ci può contattare, ad esempio, dicendo che non vuole assumere farmaci via endovena, ma che li preferisce in pillole, chiedendo di far valere il suo diritto di scelta nei riguardi dei medici del reparto. Credo che in questi, come in altri casi, noi dobbiamo tutelare il *principio* che sia la persona a scegliere ciò che vuole o non vuole fare o assumere. Uscire dalla logica psichiatrica vuol dire anche smettere di pensare che una scelta consapevole è solo quella che coincide con le nostre. Non dobbiamo misconoscere che l'essere in terapia psichiatrica comprime in maniera evidente la libertà di movimento e di pensiero delle persone, ma non possiamo usare questo fatto per invalidare tutte le opinioni psichiatriche che gli utenti esprimono.

Il lavoro di tutela si nutre di paradossi di questo genere. Solo il confronto, la ricerca, la verifica degli errori possono man mano portarci a trovare una via d'uscita all'inferno che abbiamo creato.

Uno dei paradosi più tipici in cui ci troviamo quando cerchiamo di praticare il diritto delle persone di non essere ricoverate contro la loro volontà o di essere dimesse se lo chiedono, è quello del ragazzo internato per aver picchiato qualcuno o aver danneggiato beni propri o altrui. Come si fa a dimetterlo, si argomenta, e mandarlo a casa dove l'aspetta una madre minuta e gracile che subisce le sue angherie? Dobbiamo rispettare la sua volontà?

Io credo di sì. Credo anzi che chi voglia tentare di costituire un soccorso viola o un gruppo di tutela legale, deve scegliere *a priori* di far valere i diritti sanciti dalla legge di *chiunque*, indipendentemente dalla valutazione morale, dal grado di condivisione, dalla simpatia che ci ispira la persona e il suo comportamento. Esistono tali e tanti pregiudizi, paure, luoghi comuni, che finiremmo per condividere con gli psichiatri la necessità di tenere sotto controllo le persone. Nella maggior parte dei casi, gli psichiatri non abusano dei loro utenti per puro sadismo. Essi praticano e propagano in buona fede tutta una serie di giudizi e pregiudizi che poi confermano la necessità di quello che fanno.

Accettare questo *a priori* è la sola difesa che abbiamo dalla nostra normalità. Non dobbiamo mai pensare di essere diversi dagli psichiatri. Non dobbiamo mai pensare di non poterlo diventare. L'unico vaccino che conosco è il rispetto ad oltranza del mondo altrui. Il che non vuol dire necessariamente condividerlo, ma semplicemente considerarlo reale, come reali sono le parole, i pensieri, le visioni e i comportamenti che ha.

La difesa legale dei matti è cosa controversa, perché a differenza di altri soggetti considerati *deboli*, su di loro pesa anche il pregiudizio di essere pericolosi per se stessi e per gli altri. Questa ambiguità rende ogni nostra azione di denuncia precaria, se non dal punto di vista legale, sicuramente da quello culturale che influenza notevolmente le scelte di chi (autorità giudiziaria, giudice tutelare...) deve decidere della fondatezza dell'abuso subito e della necessità di punirne i colpevoli.

Molti abusi vengono giustificati dal fatto che gli operatori hanno agito in stato di necessità, altri sono invalidati perché non esistono parametri certi circa ciò che sia la malattia mentale e cosa possa essere definita una cura, altri vengono coperti dalla constatazione che l'irregolarità ha permesso comunque di assicurare alle cure un soggetto potenzialmente pericoloso... La stragrande maggioranza delle denunce viene archiviata perché il paziente psichiatrico non ha alcuna credibilità.

La presenza in reparto, così come la promozione di campagne specifiche su singole strutture o singole pratiche, serve appunto per creare riscontri che sostengano le ragioni della vittima. Aspettare in sede le denunce non permette quasi mai, riferendosi spesso a abusi già consumati, di poter attivare alcuna forma di tutela legale. Occorre prevenire la possibilità di essere coartati ed essere presenti lì e quando ciò accade.

Nessuna denuncia è inutile. Raccogliendo una serie di segnalazioni riguardanti abusi subiti in *certi* servizi e da *certi* operatori, si può comunque aprire un'azione legale basandosi sulle testimonianze multiple raccolte. Se non è una prova certa, sicuramente una denuncia collettiva ha un suo peso nell'attivare una verifica giudiziaria dei fatti. (cfr. A. PAPUZZI 1977)

MODELLI

Si propongono di seguito i modelli di revoca e ricorso avverso al TSO, elaborati dal Soccorso Viola promosso dal Comitato d'Iniziativa Antipsichiatrica. A questi aggiungo i modelli relativi alla diffida ai sanitari rispetto alla somministrazione di terapie non richieste e la richiesta di inserimento di informazioni in cartelle clinica che ogni ricoverato può chiedere. Ultimo modello quello relativo alla richiesta di revoca del TSO per accettazione delle cure, utile anche per richiedere la dimissione dal reparto, anche in caso di ricovero volontario, quando si ha timore circa l'intenzione degli operatori di trattenerci con o senza il nostro consenso.

Al   sig. SINDACO
del Comune di _____

e   p.c. GIUDICE TUTELARE
di _____

SOCCORSO VIOLA
Taormina

oggetto: L. 23/12/1978 n. 833 art. 33 comma 7. Richiesta di revoca di Trattamento Sanitario Obbligatorio (T.S.O.)

Il/La sottoscritt_ _____nato/a a _____il

_____ residente in _____, via _____

in atto ricoverato presso il reparto psichiatrico dell'Ospedale

_____, dal _____ in Trattamento Sanitario Obbligatorio

(T.S.O.)

v i s t o

l'art. 33 della L. 23/12/78 n. 833

c h i e d e

la revoca immediata del provvedimento di T.S.O. disposto o

prolungato nei suoi confronti

i n q u a n t o[1]

---

[1] Articolare le motivazioni in riferimento a eventuali violazioni delle procedure descritte nella guida all'autodifesa (mancanza di visita di tutti e due o di uno dei medici, mancata ricerca del consenso …)

_____

_____

_____

_____

_____

lì,   FIRMA

Al   sig. SINDACO
del Comune di _____

e   p.c. GIUDICE TUTELARE
di _____

Al PRIMARIO
del reparto di psichiatria dell'ospedale _____

SOCCORSO VIOLA
Taormina

oggetto: **L. 23/12/1978 n. 833 art. 33 comma 7. Richiesta di revoca di Trattamento Sanitario Obbligatorio (T.S.O.)**

Il/La sottoscritt_ _____nato/a a _____il

_____ residente in _____, via _____

in atto ricoverato presso il reparto psichiatrico dell'Ospedale

_____, dal _____ in Trattamento Sanitario Obbligatorio

(T.S.O.)

d i c h i a r a

di accettare le cure proposte dai sanitari del reparto di cui sopra

v i s t o

l'art. 33 della L. 23/12/78 n. 833

c h i e d e

la revoca immediata del provvedimento di T.S.O. disposto o

prolungato nei suoi confronti

i n q u a n t o

stante il proprio consenso alle cure, viene meno una delle condizioni previste quale presupposto per l'applicazione del Trattamento Sanitario Obbligatorio nei suoi confronti.

chiede

altresì l'immediata dimissione dal reparto psichiatrico dell'Ospedale _____, riservandosi, nel caso in cui i sanitari ritengano necessarie che le suddette cure vengano realizzate in ambito ospedaliero, di scegliere una struttura sanitaria e operatori di sua fiducia presso cui proseguire il trattamento.

lì,   FIRMA

AI PRIMARIO
del reparto di psichiatria dell'ospedale _____

SOCCORSO VIOLA
Taormina

oggetto: **richiesta di dimissione**

Il/La sottoscritt_ _____nato/a a _____il
_____ residente in _____, via _____
in atto ricoverato presso il reparto psichiatrico dell'Ospedale
_____, dal _____ in ricovero volontario

d i c h i a r a

di accettare le cure proposte dai sanitari del reparto di cui sopra

v i s t a

la normativa vigente

c h i e d e

la dimissione dal reparto di psichiatria di cui Lei e responsabile,
riservandosi, nel caso in cui i sanitari ritengano necessarie che le
suddette cure vengano realizzate in ambito ospedaliero, di scegliere
una struttura sanitaria e operatori di sua fiducia presso cui proseguire il
trattamento.

lì,   FIRMA

Al   RESPONSABILE

Servizio Psichiatrico Diagnosi e Cura

Ospedale _____

e p.c.   GIUDICE TUTELARE

di _____

SOCCORSO VIOLA

Taormina

Il/la sottoscritt _ _____ nato/a a _____il

_____, residente in _____ via _____,

in atto ricoverat _ presso il reparto psichiatrico dell'Ospedale

_____, dal _____, in ricovero _____

v i s t o

l'art. 17 comma 5 Legge regionale 30/01/91 n. 7

d i c h i a r a

- di rifiutare le cure psicofarmacologiche a lui somministrate in quanto lesive della sua integrità psicofisica;

- di accettare solo i trattamenti psicoterapici (individuali e di gruppo) e socioriabilitativi in quanto rispondenti ai propri bisogni;

d i f f i d a

i medici e il personale del reparto dal somministrargli farmaci contro la sua volontà, ritenendoli responsabili di tutte le eventuali conseguenze.

lì,   FIRMA

NOTA. *Questo modello è costruito sull'ipotesi che la persona, come spesso accade, rifiuti in particolare l'invasione chimica costituita dagli psicofarmaci. Lo stesso schema può essere usato per rifiutare altri tipi di cura o per scegliere fra le possibili terapie quella che si ritiene rispondente, o meno lesiva, ai propri bisogni. La dichiarazione ha valore di accettazione delle cure e fa venire meno il presupposto per l'imposizione del T.S.O.*

Si fa qui riferimento alla legge regionale, ma una dichiarazione del genere può essere compilata e ha valore indipendentemente dal riferimento legislativo.

AI   RESPONSABILE
Servizio Psichiatrico Diagnosi e Cura
Ospedale _____

e   p.c.   GIUDICE TUTELARE
di _____

SOCCORSO VIOLA
Taormina

oggetto: art. 17 L.r. 30/01/91 n. 7. Inserimento informazioni in cartella clinica.

Il/la   sottoscritt _ _____ nato/a   a   _____

il_____,   residente   in   _____   via

_____, in atto ricoverat _ presso il reparto psichiatrico

dell'ospedale _____, dal _____, in   ricovero

_____

v i s t o

l'art. 17 comma 2 della legge regionale 30/01/91 n. 7

c h i e d e

che vengano inserite in cartella clinica le seguenti informazioni:

lì,   FIRMA

NOTA. *La possibilità di inserire note nella cartella clinica è un diritto di ogni ricoverato. Il modello che qui si propone è supportato dalla legge regionale siciliana che lo prevede espressamente. La legge citata riguarda i diritti degli utenti dei servizi sanitari. In ogni regione esiste una normativa analoga.*

ELETTROSHOCK E CONSENSO
INFORMATO
modelli

Negli ultimi tempi si torna a parlare (e praticare) prepotentemente di elettroshock. L'occasione è data dal rilancio di tale pratica 'terapeutica' da parte di psichiatri come Cassano ma anche da decessi avvenuti in seguito alla stessa. Si veda per tutti la storia di Carlo Rellini in G. ANTONUCCI e A. COPPOLA 1995, pag 139 e segg.

In seguito a questi fatti il Ministero della Sanità e l'Assessorato Regionale alla Sanità del Lazio hanno promosso una serie di iniziative di ricerca circa la diffusione e le modalità di applicazione dell'elettroshock in Italia.

Accanto alle carenze di ordine tecnico riscontrate, quello che ci preme sottolineare è la mancanza pressocché assoluta delle procedure atte a raccogliere il consenso informato scritto degli utenti.

La Regione Lazio ha provveduto ad elaborare e rendere obbligatori i seguenti modelli.

Modulo di consenso per la terapia elettroconvulsivante
(compilare da parte del paziente)

Io sottoscritto .... dichiaro di autorizzare i medici del reparto a somministrarmi la terapia elettroconvulsivante, secondo le modalità che essi ritengono più opportune.

Sono stato informato dal mio medico dell'esistenza di forme alternative di trattamento per la mia malattia (ad esempio psicofarmaci e psicoterapia) e mi rendo conto che, in questo caso, i miei medici considerano la terapia elettroconvulsivante il trattamento di scelta.

Ho compreso la descrizione del trattamento e i suoi possibili rischi ed effetti secondari.

Accetto volontariamente il trattamento e so che si tratta di una serie di applicazioni. So che, comunque, posso revocare il consenso in qualsiasi momento.

data,   Firma

Modulo di avvenuta informazione al paziente da parte dei medici sulla terapia elettroconvulsivante

Io sottoscritto, dr. .... dichiaro da ver informato il paziente sig. .... della necessità di una terapia elettroconvulsivante, da me ritenuta, in questo caso, la terapia di scelta.

Dichiaro altresì di averlo reso edotto delle modalità di esecuzione, della necessità di un'anestesia, dei rischi eventuali e dei possibili effetti secondari.

Il paziente ha compreso tutte le informazioni e appare capace di fornire un consenso informato valido.

data ....   Firma

Il consenso va dato per iscritto dal paziente e non dai suoi familiari. Ogni applicazione di elettroshock effettuata contro il consenso del paziente è illegale. I medici che la praticano possono essere denunciati e a loro può essere richiesto il risarcimento dei danni provocati dall'elettroshock.

PROCURA
contro eventuali ricoveri e trattamenti psichiatrici imposti

Visto il fenomeno diffuso del TSO (Trattamento Sanitario Obbligatorio), l'uso di psicofarmaci con gravi controindicazioni per la salute fisica e psichica delle persone cui essi vengono imposti, la somministrazione di elettroshock con grave rischio di infarto, lesioni cerebrali, danno ai grandi organi, perdita di memoria, induzione di uno stato psicologico di subalternità alle cure psichiatriche imposte e a condizionamenti psicologici di vario genere;

Considerato che la diagnosi psichiatrica è di carattere soggettivo e arbitrario, dipendente esclusivamente dal giudizio dello psichiatra che la formula, senza che vi sia possibilità di alternativa da parte della persona giudicata, e che la diagnosi così concepita diventa motivo di reclusione forzata, di etichettatura sociale e di rifiuto di assunzione o mantenimento del posto di lavoro, con gravi danni e permanenti conseguenze di invalidazione della persona fisica e dei suoi diritti individuali e sociali;

Constatato che quanto sopra è possibile succeda a chiunque nella vita si trovi in particolari difficoltà di rapporto con il suo ambiente familiare, culturale, sociale, intimo e personale, o che si dibatta in situazioni economiche disperate con assenza, impossibilità o perdita del lavoro, o che sia vittima del raggiro di persone interessate alla sua interdizione e alla sua reclusione presso cliniche, Centri di Igiene Mentale territoriali e reparti ospedalieri, nonchè nel suo stesso domicilio;

Il   sottoscritto   _____abitante   in

_____

nel pieno uso delle sue facoltà e a tutela della sua integrità fisica, morale e sociale, dei suoi diritti inviolabili di libertà, garantiti dalla Costituzione della Reppublica Italiana e dalla Dichiarazione Universale dei Diritti dell'Uomo, nonchè del diritto alla difesa legale in caso di accuse o di persecuzione di ogni genere nei suoi confronti, libertà e diritti cui personalmente aderisce e ispira responsabilmente la sua condotta umana e non violenta;

dichiara

di rifiutare il regime del trattamento sanitario obbligatorio (TSO), trattamenti psichiatrici comunque imposti con la forza, trattamenti psicologici forzati presso qualsiasi struttura psichiatrica pubblica o privata, o presso il proprio domicilio; elettroshock o psicochirurgie di vario genere - dei cui effetti si ritiene già informato e a cui nega qualsiasi consenso -; psicofarmaci dichiaratamente comportanti gravi controindicazioni per il suo stato di salute.

Il sottoscritto

diffida

pertanto chiunque contravvenga, in maniera esplicita o subdola, anche con manifeste o velate minacce, a tale dichiarata volontà.

Il sottoscritto

conferisce mandato

all'associazione Telefono Viola, ai suoi legali rappresentanti, nonchè ai suoi avvocati, per far valere in caso di necessità, la presente dichiarata e sottoscritta volontà.

La presente procura viene registrata e custodita, presso la sede dell'associazione Telefono Viola, in via _____

(Luogo e data)   (Firma leggibile del
dichiarante)

        (Firma del legale rappresentante dell'associazione, o
                    dell'avvocato, o del notaio)

IL TESTAMENTO PSICHIATRICO

Il presente testo è tratto dalla documentazione prodotta dal gruppo antipsichiatrico tedesco Die Irren Offensive. *Il testo è stato elaborato da un gruppo di legali, sulla base di un'idea dello psichiatra americano Thomas SZASZ, ed è in uso da qualche anno in Germania, pare con buoni risultati.*

La privazione delle nostre libertà da parte della psichiatria rappresenta un rischio con cui dobbiamo ancora convivere. Le persone, come voi e noi, possono dichiarare per iscritto che, trovandosi in un indiscutibile stato di ragione e normalità, dispongono in termini precisi e bem ponderati come vogliono e debbono essere curati (o non curati), nel caso in cui si venga diagnosticati come malati di mente o aventi bisogno di cure. Tale dichiarazione si chiama *"testamento psichiatrico"*.

Essendo la vostra volontà chiaramente espressa, nessuno può più imporvi la propria asserendo di eseguire i vostri probabili desideri.

Insieme a persone che hanno vissuto esperienze psichiatriche e che perciò sanno come vanno le cose nelle istituzioni, abbiamo qui prodotto una dichiarazione che anche voi potete prendere come esempio per la vostra. Già dai primi usi si è dimostrata l'efficacia di tale dichiarazione: gli psichiatri desistono dal trattamento obbligatorio.

Può essere che voi, come molti, non vi siate mai trovati in certe situazioni, e crediate che solo gli altri si possono trovare in pericolo di essere psichiatrizzati e che a voi non succederà mai, così come può essere che conosciate magari persone che hanno già avuto a che fare con trattamenti psichiatrici o che ne sono particolarmente minacciate.

Potete aiutare queste persone a liberarsi da tale pressione indicando loro la possibilità del *testamento psichiatrico.*

Modalità d'uso

Il testo qui riportato come esempio è stato mantenuto nella sua formulazione generale, è orientato al diritto tedesco e contiene in parte disposizioni che hanno esclusivamente carattere di esempio. Il vostro personale *testamento psichiatrico,* e cioè le vostre disposizioni nel caso di ricovero psichiatrico, ovvero di provvedimenti sanitari, deve essere tracciato e fissato per iscritto da voi stessi.

Esaminate il modello riportato nelle pagine seguenti per capire come poter completarlo. Consigliamo di informare la persona di fiducia (o fiduciario) prescelta prima di nominarla nel *testamento psichiatrico* e di discutere con la stessa i vostri desideri, sia che essa debba agire in modo informale che come persona designata d'ufficio ad assistervi. Discutete il *testamento psichiatrico* con un avvocato o notaio di vostra fiducia e fatevi apporre una nota di controllo. Inoltre bisogna tener conto del diritto che vige in ogni regione (land) tedesca.

L'esame da parte di un avvocato non rappresenta alcuna premessa dell'efficacia del *testamento psichiatrico,* ma ne aumenta tuttavia il valore e pretende una più stretta osservanza da parte di istituzioni e psichiatri, o di terzi.

Se non siete sicuri di come avete formulato il *testamento psichiatrico* è consigliabile farlo analizzare da un avvocato per evitare formulazioni erronee che ne ostacolerebbero la messa in pratica. il vostro avvocato o notaio non deve essere per forza specialista in cause riguardanti l'ambito psichiatrico.

Chiunque può ratificare il *testamento psichiatrico.* Come concessione ai rapporti oggi dominanti, è consigliabile scegliersi una persona psichiatricamente 'al di sopra di ogni sospetto'. Quando voi, la persona che ratifica e l'avvocato, avete sottoscritto il testo in quella che è la sua forma definitiva, il *testamento psichiatrico* è corretto dal punto di vista formale e può essere inviato al fiduciario. Sarebbe meglio depositarlo da più di una persona di fiducia.

La data e la firma del *testamento psichiatrico* dovrebbero essere rinnovate dall'intestatario a intervalli di circa un anno. Solo se sopravvengono cambiamenti è consigliabile coinvolgere gli altri firmatari. Se non cambiate i termini del documento non sussistono nuovi costi per il rinnovo della firma.

Tra i vostri documenti personali dovete averne una copia e conservarla in modo che sia reperibile a terzi. Nei vostri documenti deve essere contenuto il seguente avvertimento:

" *Attenzione. Ho steso un* testamento psichiatrico. *Trattamenti psichiatrici sulla mia persona sono leciti solo sotto limitazioni molto importanti. Se dovesse essere iniziato (o ne esistesse l'intenzione) un procedimento rispetto alla mia vita psichica, sia dentro che fuori da istituzioni psichiatriche, ovvero da reparti psichiatrici degli ospedali o da particolari istituzioni o addirittura presso la mia abitazione, ciò deve essere subito comunicato telefonicamente o per iscritto a:*

(fiduciario e avvocato con nome, indirizzo, telefono e fax)

luogo, data e firma "

Se vi trovate in un'istituzione psichiatrica, in un ospedale o casa di cura e dovete subire trattamenti psichiatrici, dovete preoccuparvi di avvisare altri che vi trovate in pericolo. Informate il vostro fiduciario. Portate a conoscenza dell'istituzione o della clinica dell'esistenza del vostro *testamento psichiatrico* e obbligateli a osservarne i termini. Nel caso in cui non vi si attenessero, non abbiate paura di far ricorso ad un avvocato.

Modello di testamento psichiatrico

Mi chiamo:
sono nato il   a

Sommario
Questo *testamento psichiatrico* è suddiviso in una parte generale
(Nr. 1-9) che è uguale per tutti i *testamenti psichiatrici,* e in una
particolare (Nr. 10-16) che contiene riferimenti personali.
Orientativamente la suddivisione è la seguente:

Parte generale

1. Fondamenti della mia volontà
2. Immediato consulto del mio fiduciario e del mio avvocato
3. Obbligo del silenzio: la divulgazione spetta esclusivamente al mio fiduciario
4. Documentazione
5. Accertamento e messa in pratica delle mie volontà
6. Osservanza delle mie volontà secondo il diritto vigente
7. Illegalità anche nel caso di trasgressione della procedura
8. Pieno potere e ampi compiti al fiduciario
9. Verifica dell'avvocato

Parte specifica

10. Cambiamento delle mie volontà
11. Particolarità dei miei atti e delle mie volontà rispetto al contesto in cui mi trovo
12. Nomina del fiduciario
13. Nomina del mio legale
14. Firme
15. Dichiarazione del ratificante

16. Indirizzi

Parte generale

1. *Fondamenti delle mie volontà*

Sono a conoscenza delle misure adottate dalla psichiatria, il che è sufficiente a farmi esprimere le volontà riportate qui di seguito. Non ho bisogno di altre informazioni. Le mie volontà qui espresse sono valide indipendentemente dal fatto che qualcuno possa considerare sufficienti o meno le conoscenze su cui baso le mie volontà.

2. *Consulto immediato del mio fiduciario e del mio avvocato*

Al punto 12 sono nominati i miei fiduciari, al punto 13 il mio legale, e gli indirizzi sono riportati al punto 16. Tali persone devono essere subito consultate nel caso in cui si abbia l'intenzione di svolgere un'azione imposta d'ufficio o a livello professionale rispetto alla mia vita psichica, sia all'interno che all'esterno di istituzioni psichiatriche o di altro genere.

L'immediato consulto del mio fiduciario e del mio avvocato deve aver luogo sia che il mio consenso a tale intervento sia gia stato espresso o meno; essi sono d'accordo con me di essere chiamati a vuoto per una volta, perché in un'altra occasione l'apparenza potrebbe ingannare e io potrei sembrare d'accordo. In tal caso il consulto è importante.

3. *Obbligo del silenzio: la divulgazione spetta esclusivamente ai miei fiduciari*

I miei fiduciari sono autorizzati a raccogliere qualsiasi informazione sulla mia persona che sembra loro opportuna. A parte loro, tutti gli altri soggetti -persone fisiche e giuridiche, autorità, cliniche, etc. - sono legati dall'obbligo del silenzio o da quello del segreto professionale. Autorizzo i miei fiduciari a passare informazioni ad altri, a chiedere consiglio, ad agire in mio nome secondo loro insindacabile giudizio. Passare ad altri le informazioni riguardanti, anche nella forma di relazione mediche, contrasta con le mie volontà citate al punto 2. Medici, psicologi, assistenti sociali, hanno la mia autorizzazione solo per quel che riguarda le informazioni richieste dai miei fiduciari (vedi punti 12 e 16). allo stesso modo sono d'accordo che si rivolgano al mio avvocato (vedi punti 13 e 16)

4. *Documentazione*

Secondo il nostro diritto esiste l'obbligo per i sanitari alla documentazione. La mia volontà è che tale documentazione venga prodotta a mia richiesta o su richiesta del mio fiduciario e del mio legale. Desidero inoltre che sia possibile esaminarla in qualsiasi momento e farne copia.

Attività la cui documentazione non mi debba essere accessibile, non devono aver luogo. Ho bisogno di franchezza. personale sanitario, ospedali etc possono raccogliere informazioni da terzi solo se questi sono stati precedentemente avvertiti che le loro dichiarazioni verranno documentate e messe a mia disposizione. osservazioni e dichiarazioni pervenute spontaneamente sono da rimandare al mittente con l'avviso che è possibile utilizzare solo i dati che possono essere messi a mia disposizione.

5. *Accertamento e messa in pratica delle mie volontà*

Incarico il mio fiduciario di far attuare le mie volontà; dò lui pieno potere per le azioni che riterrà necessarie. In caso di assenza di mie decisioni, la mia presunta volontà deve essere accertata, resa nota agli interessati e messa in pratica dal mio fiduciario.

6. *Osservanza delle mie volontà secondo il diritto vigente*
Le mie volontà riguardanti il mio corpo, la mia personalità e la mia libertà personale sono da rispettare anche nel caso in cui, in base a preoccupazioni dei miei familiari, un'altra persona venga incaricata di provvedere al mio bene. I diritti di cui dispongo con la dichiarazione qui presente sono personali; la decisione spetta solo a me, ed è indipendente dal fatto che io sia considerato capace di agire o colpevole. E' sufficiente la naturale capacità di giudizio: nel nostro sistema giuridico è posto in termini abbastanza chiari ciò che qui si intende. Anche se dovessi perdere tale capacità naturale di giudizio, la mia volontà qui esposta deve ugualmente essere fatta valere.
Una pratica psichiatrica molto diffusa è la seguente: se i pazienti sono d'accordo con le cure psichiatriche proposte, allora vengono giudicati capaci d'intendere e la loro volontà viene rispettata; mentre se rifiutano tali cure ciò dimostra che tale volontà non può essere osservata poichè manca la capacità d'intendere.
Pratica diffusa è anche quella di attuare cure psichiatriche sulla base del consenso di un 'assistente', in caso di rifiuto da parte del paziente. Tali procedure sono illegali.

7. *Illegalità anche nel caso di trasgressione della procedura*
Non sono d'accordo con qualsiasi cura, in particolare psichiatrica, che ha luogo offendendo le mie suddette volontà, in quanto ho descritto le procedure da osservare.

8. *Pieno potere e ampi compiti al mio fiduciario*

Al mio fiduciario dò pieno potere specialmente per procedere a livello penale e civile contro chi non si atterrà alle mie volontà.

9. *Verifica dell'avvocato*
   Il *testamento psichiatrico* nella sua qui presente stesura generale è stato verificato ed è conforme al diritto vigente nella Repubblica Federale Tedesca

timbro, data e firma

Parte specifica

10. *Cambiamento delle mie volontà*
   Variante I (semplice cambiamento delle volontà)
   I miei fiduciari sono obbligati ad osservare e far osservare le volontà espresse nel mio *testamento psichiatrico*. Ciò concerne soprattutto la possibilità che io voglia cambiare il *testamento* nel periodo in cui viene disposta l'assistenza per me. Tale cambiamento vale solo se ho l'occasione di parlare con almeno una delle persone di fiducia nominate nel punto 12 e venga affermato per iscritto che io voglio seriamente tale cambiamento. In tal modo rendo più difficile un cambiamento delle mie volontà nel senso di un'adesione alle cure psichiatriche. La prassi attuale richiede tale precauzione.
   Nel caso io abbia aderito o aderisca a cure psichiatriche, posso revocare tale dichiarazione di consenso, in qualsiasi momento, con un'altra dichiarazione resa in qualsiasi forma, orale o scritta, e sempre di uguale validità.
   Per il resto rimangono valide tutte le dichiarazioni del mio *testamento psichiatrico* del _____

luogo, data e firma

<u>Variante II</u> (cambiamento complesso delle volontà)
I miei fiduciari sono obbligati ad osservare e far osservare le volontà espresse nel mio *testamento psichiatrico*. Devono badare che, nel caso io - effettivamente o in apparenza - dichiari il mio consenso a cure psichiatriche, a differenza di quanto espresso nel *testamento*, in forma orale o scritta, tale consenso non valga e si rimanga vincolati alle volontà già depositate. Non può essere considerato *consenso* il fatto che io assuma psicofarmaci per via orale o in altra forma, oppure che io rinunci a difendermi e a protestare.
Mi riserbo la libertà di cambiare le mie volontà in ogni momento. Una mia dichiarazione in tal senso vale solo se scritta e se contiene quanto segue:
Desidero modificare il mio *testamento psichiatrico*. Non mi trovo, in questo momento, in nessuna istituzione dove psichiatri o medici esercitano la loro influenza, o dove hanno luogo cure psichiatriche. Nessun altro tranne me può dichiarare, al momento della stesura di questa modifica, che io debba assumere psicofarmaci, terapie da shock o altre cure psichiatriche. Tutto ciò è vero secondo le mie cognizioni e quelle della persona che firma con me tale dichiarazione di modifica.
In tal modo rendo più difficile un cambiamento delle mie volontà nel senso di un'adesione a cure psichiatriche.
Nel caso io abbia acconsentito o accosentirò a cure psichiatriche, posso revocare tale dichiarazione di consenso in qualsiasi momento, con un'altra dichiarazione, in qualsiasi forma, scritta o orale, e sempre di uguale validità.

luogo, data e firma

11. *Particolarità dei miei atti e delle mie volontà rispetto al contesto in cui mi trovo*

Per la mia persona dichiaro quanto segue: .... Qui potete descrivere in libera forma i vostri desideri più personali, le vostre volontà e anche le convinzioni che ne sono alla base. Non vengono posti limiti alle volontà esposte in tale punto. Una particolareggiata esposizione delle vostre riflessioni facilita l'applicazione del *testamento psichiatrico* poiché si evidenzia che la volontà espressa è ben ponderata.

A tal proposito, alcuni esempi provenienti dall'esperienza di pazienti psichiatrici:

- ogni utilizzazione di shock (Elettroshock, insulinoshockterapia e simili) è sempre contro la mia volontà, perciò viene qui attuato senza che io sia d'accordo;
- gli psicofarmaci possono essere usati sulla mia persona solo come segue ... o solo per dormire. Qualsiasi altra somministrazione di psicofarmaci è contro la mia volontà;
- non voglio essere ricoverato in nessun caso nelle seguenti istituzioni: .....;
- la terapia per occupare i pazienti, normalmente in uso nella psichiatria, non deve essermi imposta. La conosco e la odio.
- l'essere legato e rinchiuso sono per me pratiche umilianti di maltrattamento. Prevedibilmente, se sottopostovi ne soffrirò;
- amici e amiche che mi vengono a trovare devono subito poter parlare con me.

12. *Nomina del fiduciario*

Eleggo i miei fiduciari nel seguente ordine:

1. ....

2. ....

(nome completo con luogo e data di nascita)

E' necessario almeno un fiduciario. La persona successiva è chiamata in causa quando quella precedente non è disponibile e finchè ciò non cambia. Prego i miei fiduciari di rimanere in contatto tra loro e con me affinché anche loro siano reperibili.

13. *Nomina del mio legale*

Per l'attuazione di questo *testamento psichiatrico* desidero l'avvocato .... (nome completo e indirizzo attuale)

Così come per i fiduciari, può essere nominato un secondo avvocato. L'avvocato qui nominato può disdire l'incarico. E' autorizzato a rappresentare i miei interessi finché non venga a conoscenza di circostanze per cui non vi ha più diritto.

14. *Firme*

Sottoscrivo come segue il mio *testamento psichiatrico:*

(luogo, data e firma)

15. *Dichiarazione del ratificante*

Mi sono accertato che ogni punto qui dichiarato corrisponde alla volontà della persona dichiarante. Ero presente quando la firma è stata posta.

(luogo, data, nome, data di nascita e firma del ratificante)

16. *Indirizzi*

Non allegare necessariamente al testo principale del *testamento.*

indirizzi del dichiarante
      del ratificante
      del fiduciario
      del legale
      delle persone nominate per casi particolari (ad es.
            personale   curante)
      delle persone citate come contatti

PRETURA DI TORINO
Decreto 28 settembre 1981

Di seguito il testo del decreto emanato dal Giudice Tutelare di Torino con cui lo stesso non convalida il decreto del sindaco che prorogava un TSO, per inadeguatezza della motivazione. Esso rappresenta un precedente molto importante da citare nei casi di richiesta di revoca o sospensione del TSO.

Il Pretore, - premesso che il sig. P.V., nato a..., il 25 aprile 1949, abitante in Torino alla via ..., è stato ricoverato presso l'ospedale ..., in data 19 settembre 1981 ed è stato sottoposto a trattamento sanitario obbligatorio (tso) in condizioni di degenza ospedaliera; che detta degenza è stata prorogata sino alla data del ...;

che con fonogramma n. 210 del 24 settembre 1981 il direttore del reparto psichiatrico richiedeva altra proroga del tso sino alla data dell'8 ottobre 1981, allegando la seguente diagnosi: "bouffèe delirante in schizofrenico cronico";

che il sindaco di Torino, e per esso l'assessore alla sanità, prof. Olivieri, in data 24 settembre 1981 emanava un provvedimento con il quale ordinava la prosecuzione della degenza ospedaliera sino alla data richiesta, notificando poi tale atto al giudice tutelare in data 25 settembre 1981;

ritenuto che gli artt. 33, 34, 35 legge 23 dicembre 1978 n.833 dispongono che il tso in condizioni di degenza ospedaliera può essere adottato in determinate condizioni, e configurano un particolare procedimento mirato a disporre detto trattamento;

che, per quanto qui interessa, il procedimento si articola in tre fasi, ciascuna delle quali mette capo ad un atto, specificatamente disciplinato dalla legge: 1) fase medica: il primo

sanitario intervenuto formula una proposta motivata (art. 33, 3°
comma), che potrà o meno essere convalidata da un medico
dell'USL (art. 34, 4° comma); 2) fase sindacale: il sindaco, nella
qualità di autorità sanitaria locale, sulla base degli atti
precedenti, dispone, o meno, l'adozione del tso in condizioni di
assistenza ospedaliera od extraospedaliera (art. 33, 3° comma);
3) fase giudiziale: il giudice tutelare, esaminati gli atti precedenti,
assunte le informazioni del caso, disposti gli accertamenti
eventualmente opportuni, emana un decreto motivato con il
quale convalida, o meno, il provvedimento del sindaco (art. 35,
3° comma);

che tale procedura deve essere seguita sia in caso di primo
ricovero (art. 35, 1° e 2° comma), sia in caso di proroga del
ricovero già disposto (art. 35, 4° comma), aggiungendo, in
codesto ultimo caso, la prevedibile durata ulteriore del
trattamento medesimo (art. 35, 4° comma);

che detto procedimento configura tre distinte competenze,
tendenti, nella loro sintesi, alla attuazione del precetto di cui
all'art. 32 Cost.: la prima, dei sanitari, costituita dall'esercizio
obbligatorio della discrezionalità tecnica, esercizio da attuarsi in
condizioni di piena e approfondita controllabilità; la seconda,
del sindaco, costituita dall'obbligo di controllo dell'operato dei
sanitari, e dalla valutazione più ampia e complessiva del caso,
anche in rapporto allo stato dei servizi ospedalieri ed
extraospedalieri, ove la legge vuole avvenga prioritariamente
l'intervento terapeutico (art. 34, 4° comma); la terza, del giudice,
di garanzia piena della libertà individuale del cittadino (art. 13, 2°
comma, Cost.), e di osservanza sostanziale dei limiti di rispetto
della persona umana (art. 32, 2° comma, Cost., art. 33, 2°
comma legge cit.);

che la struttura del procedimento è ulteriormente rafforzata
dall'imposizione di termini brevi sia all'intervento del sindaco

(art. 35, 1° comma; termini codesti mutati in peius per il ricoverato rispetto all'abrogata, in parte qua, legge 13 maggio 1978, n. 180), che a quello del giudice tutelare (art. 35, 2° comma),

che il procedimento in esame assolve realmente alla razionalità teleologica della legge, con ché ogni fase di esso sia correttamente attuata;

che, infatti, solo in presenza di una proposta sanitaria motivata (contenente cioé anamnesi; descrizione del fatto che ha determinato il tso; comportamento del paziente, soprattutto durante il periodo di ricovero già effettuato; intervento terapeutico svolto sia in condizioni di degenza ospedaliera, che extraospedaliera; diagnosi e prognosi prevedibile) è possibile al sindaco valutare se occorra, o meno, prorogare il tso, se mutare la degenza ospedaliera in assistenza ambulatoriale ecc., ed al giudice valutare comparativamente le ragioni terapeutiche con quelle di libertà del paziente, eventualmente anche disponendo controlli e verifiche sanitarie;

che tutto ciò è imposto dalla interpretazione della legge più rigorosamente conforme alla sua ratio ed ai precetti costituzionali, soprattutto ove si rammenti che in queste situazioni - potenzialmente - la libertà individuale dell'assistito può essere compressa per un tempo indeterminato, di proroga in proroga;

rilevato che, nel caso di specie, la richiesta di proroga anzidetta è carente di qualsiasi elemento idoneo a farla considerare motivata, come richiesto dalla legge;

che infatti l'annotazione di una sommaria diagnosi costituisce una mera postulazione di principio (il paziente è affetto da bouffèe delirante, e pertanto deve essere ricoverato con tso, ciò al momento del primo ricovero; il paziente deve continuare il ricovero essendo affetto da bouffè delirante, ciò al momento della proroga), il che non consente alcun controllo vero, e non fornisce alcuna delle indicazioni ridette;

che il provvedimento sindacale è pur esso privo di qualsiasi motivazione, limitandosi a recepire acriticamente la 'diagnosi' del sanitario;

che tali atti amministrativi sono pertanto affetti da totale illegittimità, essendo in violazione di legge;

che questo giudice ha l'obbligo di disapplicare quegli atti, a mente degli art. 2 e 5 legge 20 marzo 1865 n. 2248, all. E 8cfr., altresì art. 33, 2° comma, cit.), impregiudicata ogni valutazione del comportamento tenuto dagli organi amministrativi predetti;

che pertanto il provvedimento del sindaco non può essere convalidato.

Per questi motivi, visto l'art. 35, 2° comma, legge 23 dicembre 1978 n. 833, decreta: il provvedimento di sottoposizione a trattamento sanitario obbligatorio, in condizioni di degenza ospedaliera, emanata dal sindaco di Torino in data 24 settembre 1981 nei confronti del sig. P.V., non è convalidato.

(tratto da Foro It. 1981, I, c. 3011)

LIBERO ACCESSO A CHIUNQUE AL MANICOMIO DI BISCEGLIE

Il testo che segue è copia della sentenza del pretore di Bisceglie circa la controversia nata fra un'associazione di cittadini e familiari e i responsabili del manicomio locale, riguardo al diritto di accesso presso i reparti psichiatrici.
La sentenza chiarisce tutta una serie di questione riguardanti i diritti dei cittadini internati e il diritto di controllo che associazioni e singoli possono esercitare nei confronti delle strutture psichiatriche.
Il testo è tratto dalla rivista Fogli di Informazione, Gennaio-Febbraio 1981, n. 71/72.

Il Pretore di Bisceglie letti gli atti, osserva, in fatto e diritto. Con ricorso depositato il 3 gennaio 1980 il "Comitato per l'attuazione della legge 180/78", in persona del segretario, Grazia Schingaro e Mario Celestino (assistiti dal dott. proc. Dino Simone e Donata Sacco) esponevano che il 19/12/1979 a numerosi componenti del suddetto comitato, a parenti dei ricoverati, come la Schingaro, e a comuni cittadini, come il Celestino, era stato impedito dal personale di servizio e, quindi dallo stesso vicepresidente dell'Ospedale Psichiatrico 'Casa Divina Provvidenza' di Bisceglie, l'accesso nei reparti dell'ospedale per visitare i degenti, parlare con essi e conoscere le condizioni di vita.
Ravvisando in tale comportamento una lesione, con pregiudizio irreparabile, del proprio diritto primario alla comunicazione, garantito dall'art. 15 della Costituzione e corrispondente, del resto, al diritto sancito dall'art. 1 comma 4, L. 180/78, degli stessi

degenti in ospedale psichiatrico di comunicazione con chi ritengono opportuno, chiedevano che venisse ordinato alla Congregazione religiosa 'Ancelle della Divina Provvidenza', proprietaria dell'ospedale suindicato, "di consentire il libero ingresso degli istanti nei luoghi abituali di vita (reparti, sale di ricreazione etc.) dei degenti, ospiti della stessa Istituzione, al fine di realizzare una piena e libera comunicazione con gli stessi".

Resisteva la Congregazione convenuta (assistita dall'avv. Pastore) osservando che il 19/12/89 una delegazione del Comitato si era incontrata con il vice presidente della 'Casa Divina Provvidenza', Lorenza Leone, dal quale aveva ottenuto informazioni circa l'applicazione della L. 180/78 nell'ospedale.

In diritto eccepiva il difetto di legittimazione ad agire del Comitato, sia perché non individuabile con certezza nelle persone dei singoli aderenti, non generalizzate, sia perché titolare non di un diritto ma di un mero interesse all'attuazione della legge 180/78, 'sfornito di presidio giudiziario'; ne deduceva, perciò, l'inammissibilità della procedura ex art. 700, intesa a tutelare un diritto - e non l'interesse 'generico di voler comunicare con i degenti dell'ospedale psichiatrico per accertarne le condizioni di vita' -, per cui vi sia minaccia di un pregiudizio imminente ed irreparabile: del che, osservava, nessuna indicazione i ricorrenti avevano fornito.

Sentite le parti e assunte sommarie informazioni dalle persone da esse indicate, all'udienza del 12/2/80 questo pretore si riservava di decidere.

E' pacifico che il 19/12/1979 ai ricorrenti è stato impedito dal personale di servizio all'ingresso dell'ospedale e dal vice presidente Leone l'accesso all'interno dei reparti ospedalieri per visitare i degenti: univoche sono in proposito le informazioni assunte, anche da parte dell'informatore indicato dalla congregazione resistente.

La circostanza, del resto, è stata ammessa dallo stesso Leone quando ha parlato della sua disponibilità 'a valutare *in futuro* con serietà le richieste di autorizzazione eventualmente presentate' e confermata dalla direzione sanitaria dell'ospedale nel pare depositato, con il quale riconosce il diritto di ingresso solo a chi ne faccia richiesta, allegando un giustificato motivo 'in ragione del suo ufficio' o per avervi 'familiari ricoverati', e lo nega a chiunque (inteso come persona non appartenente alle precedenti categorie)'.

Tali limitazioni o impedimenti all'esercizio del diritto fondamentale di comunicazione con chiunque (art. 15 Cost.) è illegittimo e ne va ordinata, pertanto, la rimozione. Ciò è evidente, e pacifico, perché neppure minimamente contestato dalla resistente, per i ricorrenti Schingaro (addirittura sorella di un ricoverato)e Celestino, che agiscono personalmente, ma va affermato anche per il Comitato, sul cui difetto di legittimazione ad agire in giudizio, a ad agirvi per procura d'urgenza, si sono incentrate particolarmente le eccezioni della difesa della resistente: eccezioni da disattendere, siccome ancorate ad inammissibili impostazioni di tipo formalistico sulla esistenza delle associazioni e di tipo privatistico e patrimonialistico sui diritti e la loro azionabilità.

Una corretta impostazione dei problemi, che si annidano nelle eccezioni sollevate, non può che partire dalla considerazione che 'comitati' e 'associazioni non riconosciute', rientrano nel fenomeno, estremamente diffuso nelle società occidentali, e nel nostro ordinamento, delle formazioni sociali, garantite dalla Costituzione (art.2) per il solo fatto che esse, consentendo lo svolgimento della personalità dell'uomo (art.2), sviluppano un rapporto potenzialmente indispensabile all'ordine politico, a prescindere dalle loro dimensioni, dal numero degli aderenti, dal ricorso all'una o all'altra forma giuridica.

Perciò, 'l'esistenza di una associazione non è condizionata ad alcuna formalità. Alla sua costituzione, pertanto, non è necessario nè l'atto pubblico - prescritto soltanto per il conseguimento della personalità giuridica - e neppure, salvo i casi specificatamente disciplinati, l'atto scritto.

L'atto scritto è bensì necessario ai fini della prova (art. 2721 c.c.), ma, in quanto sia consentito dall'art. 27244, la prova della costituzione e dell'esistenza di una associazione non riconosciuta può essere data anche in via indiretta e presuntiva'. (Cass. 10/12/65, in Foro It., 1966, I, 1327; conf. Cass. 30/10/1975, ibid. Rep. 1975, voce Ass. non ricon., I).

Nella specie, è sufficiente a provare l'esistenza del Comitato ricorrente l'esibito 'verbale di assemblea costituitiva', di cui non vale 'disconoscere' il valore, come asserito dalla difesa della resistente, per il solo fatto che i sottoscritti del verbale non sono individuati nelle loro generalità.

Intanto, alcuni di essi, deponendo come informatori nel processo, hanno riconosciuto come propria la sottoscrizione, di guisa che - nella misura in cui 'la prova (...) può essere data anche in via indiretta e presuntiva' - è ragionevole presumere che anche le altre sottoscrizioni sono vere.

Inoltre i ricorrenti hanno esibito ritagli del giornale 'La Gazzetta del Mezzogiorno' del 16/11/79 e del 14/12/79, non disconosciuti dalla resistente, sui quali compaiono informazioni sulla costituzione e sull'attività del Comitato; anche per tal via, indiretta, e presuntiva, risulta provata la costituzione e l'esistenza del Comitato ricorrente. Il quale, secondo la difesa della resistente, sarebbe, tuttavia, privo di capacità di agire processualmente in quanto portatore non di un diritto ma, per definizione, di un semplice interesse, sfornito di tutela giudiziaria, all'attuazione della legge 180/78. Ora, posto che la legge indica intende tutelare la salute mentale dell'individuo, disponendo che i trattamenti sanitari, eventualmente necessari all'uopo, siano svolti 'nel rispetto della dignità della persona e dei diritti civili e politici garantiti dalla Costituzione (art. 1 cpv L.180/78), è da ritenere che, nella specie, anche alla stregua del contenuto dell'esibito 'verbale di assemblea costituitiva' l'interesse del Comitato all'attuazione della legge si risolva nell'interesse della salute (mentale), che, in quanto 'interesse della collettività', è espressamente tutelata dalla Repubblica (art. 32 Cost.).

Se, - ancorchè 'diffuso', e cioè riferibile contemporaneamente ed indifferentemente ad un numero indefinito di soggetti, alla 'collettività'- un tale interesse è ugualmente tutelato, è conseguente ritenere che la tutela, per operare realmente e non risolversi in un mero orpello retorico, dev'essere di tipo garantistico, proprio dei diritti fondamentali e 'inviolabili' della persona umana, azionabili da chiunque e da qualunque formazione sociale, che, come nella specie, esista, partecipi all'interesse della collettività (nel caso, alla salute mentale dei cittadini) e persegua come proprio fine appunto la realizzazione di tale interesse, che, in quanto diffuso, è perseguibile non esclusivamente da particolari soggetti privati o dalla pubblica autorità ed è, quindi, suscettibile di 'appropriazione' anche da parte di formazioni sociali.

Opinare diversamente, nel senso che l'interesse della attuazione della L. 180/78 e, cioè, alla salute (come si potrebbe aggiungere, quello alla preservazione dell'ambiente naturale, alla sicurezza sociale, all'ordinato sviluppo urbanistico), sicoome diffuso, è 'sfornito di presidio giudiziario', significa vanificare la tutela prevista dalla Costituzione, ponendosi in una 'prospettiva secondo la quale vi è protezione giuridica soltanto in caso di collegamento esclusivo tra un bene (o una frazione di esso) ed un solo individuo o un gruppo personificato - e quindi assimilato allo individuo -', che 'è condizionata ad una impostazione di tipo patrimoniale della giuridicità e rischia di modificare in ragione del condizionamento, l'irresistibile tendenza all'azionabilità delle pretese che è cardine della nostra Costituzione (art. 24)' (così, proprio in fattispecie di diritto alla salute, Cass. Sez. Un. 6/10/79, N. 5172, in Foro It. 1979, I, 2302 S.S., in particolare 2305).

Ma nel caso in esame, vi è di più: non tale pretesa (interesse collettivo alla salute mentale) è stata azionata ma, per realizzare quell'interesse, il diritto di comunicare con i degenti dell'ospedale psichiatrico.

Si tratta non, come asserito dalla difesa della resistente, di un 'interesse generico' ma di un diritto specifico, soggettivo ed assoluto, quale quello di comunicazione, di cui l'art.15 della Costituzione garantisce la libertà e la segretezza, che dichiara inviolabili.

Nessun dubbio può esservi per i ricorrenti che siano titolari del diritto fondamentale di comunicare (anche) con i degenti dell'ospedale psichiatrico.

E, se nel vigore di una legge come quella del 1904 (n.36), che si preoccupava solo della 'pericolosità a sé e agli altri' e del 'pubblico scandalo' dei malati mentali, e ne disponeva conseguentemente, la 'custodia' in manicomio (art.1) - poteva dubitarsi della compressione del diritto costituzionale di chiunque di comunicare con un ricoverato in ospedale psichiatrico, non v'è dubbio che tale diritto si sia nuovamente espanso in tutta la sua potenzialità in conseguenza della legge 180/78 nella misura in cui corrisponde al reciproco diritto dell'infermo di 'comunicare con chi ritenga opportuno' (art. 1 co. 4, L. 180).

Al diritto costituzionale del ricoverato di comunicare con chiunque e, reciprocamente, di chiunque di comunicare con il ricoverato non può che corrispondere l'obbligo dell'amministrazione e della direzione sanitaria dell'ospedale psichiatrico di consentire l'esercizio effettivo di questo diritto, rimuovendo ostacoli e limitazioni come quelli che selezionando tutti i potenziali visitatori in ragione del loro ufficio o del vincolo di parentela impediscono al ricoverato di comunicare con chiunque non sia parente o operatore psichiatrico e a chiunque non versi in tali condizioni di comunicare con il ricoverato.

Affrontando le obiezioni sollevate dalla direzione sanitaria dell'ospedale psichiatrico nell'esibito parere e recepito dalla difesa della resistente - se non pare dubbio che l'ospedale abbia il potere di regolamentare, per renderlo compatibile con le finalità terapeutiche e assistenziali perseguite, l'esercizio del diritto di ingresso di chiunque in ospedale per comunicare con i degenti (es. fissando un orario per le visite, destinando ai colloqui apposite sale nell'ambito dei reparti e, in genere, seguendo le prassi di ogni altro comune ospedale), è altrettanto indubbio che l'ospedale ha l'obbligo di consentire l'esercizio di tale diritto, che è fondamentale e assoluto, a chiunque e non il potere di consentirlo solo ad alcuni, autorizzandoli in base a criteri limitativi, arbitrari e incompatibili con l'assolutezza del diritto.

Il potere di escludere alcuno dalla comunicazione, di selezionare i visitatori, inerisce, infatti, allo stesso diritto di comunicazione e spetta, quindi, all'altro titolare di tale diritto, cioè il ricoverato, il quale comunicherà con chi, dei visitatori, 'ritenga opportuno' (art. 1 co. 4, L.180/78).

Né a legittimare questa sorta di potere sostitutorio dell'ospedale - amministrazione e/o direzione sanitaria - all'infermo nell'esercizio di un diritto personalissimo, come quello della comunicazione, valgono le considerazioni svolte sulla 'peculiare caratteristica delle forme morbose esistenti in ospedale', sui 'motivi di riservatezza', sul 'disagio morale', in cui potrebbero venire a trovarsi i pazienti, sulla 'morbosa curiosità': considerazioni, queste, che evocano principi forse formulabili nel vigore della legislazione abrogata ma certamente incompatibili con la L. 180/78, che ha assimilato la malattia mentale a qualsivoglia altra malattia, disponendo che essa venga curata negli stessi ospedali, in cui si curano altre malattie, con esclusione di ospedali psichiatrici o reparti o divisioni separate: ciò non toglie che, il medico curante possa vietare (come del resto avviene in ogni ospedale) in un determinato momento il colloquio con il ricoverato per speciali e obiettive esigenze, derivanti dallo stato attuale della malattia; ma per il resto, e cioè per i motivi soggettivi, giudice della propria riservatezza, del proprio disagio, è lo stesso ricoverato quale titolare del diritto di comunicazione.

Tale principio che la legge 180/78 sancisce finanche per i ricoverati sottoposti a trattamento sanitario obbligatorio, a più forte ragione vale per i ricoverati della 'Casa Divina Provvidenza', che, come ricordato dagli stessi direttori sanitari nel parere esibito, sono 'tutti (...) dimissibili'.

Nessuna 'peculiare caratteristica delle forme morbose esistenti in ospedale' può essere pertanto invocata per persone dichiaratamente 'dimissibili' che possono lasciare l'ospedale, quando lo vogliono e, se finora in gran parte non l'hanno fatto, è perché non sanno dove ricrearsi un'esistenza libera e dignitosa né, come è detto nel parere, gli 'Organi provinciali e regionali vi hanno provveduto, comunicando dove, come e quando essi avrebbero potuto essere collocati'.

L'ultima eccezione riguarda il preteso 'annullamento del segreto professionale': i ricorrenti non hanno chiesto di conoscere la diagnosi della malattia o altra attività sanitaria coperta dal segreto professionale, nel quale non rientra certamente la identificazione del ricoverato, che sarà lo stesso ricoverato, ove lo ritenga opportuno, a fornire.

Nessuna valida ragione, in conclusione, giustifica, dopo la legge 180/78, un trattamento differenziato e deteriore, quanto all'effettività del godimento dei diritti civili, e in particolare di quello di comunicazione, degli infermi di mente rispetto agli altri infermi, quasi che essi debbano continuare ad essere oggetti da 'custodire' o 'sorvegliare', come previsto dall'abrogata legge 36/1904.

Conseguentemente, appare più che lambito dal fumus boni juris il diritto dei ricorrenti - non solo della Schingari e del Celestino, per cui nessuna contestazione precisa è stata formulata, ma anche del 'Comitato per l'attuazione della legge 180/78' - di comunicare con i ricoverati nei luoghi abituali di vita all'interno dell'ospedale e, quindi, di accedervi liberamente, come liberamente, ancorché nel rispetto del regolamento, si accede in qualsiasi ospedale e, salvo che non vi osti momentaneamente lo stato della loro malattia, si comunica con i degenti se questi lo ritengono opportuno.

L'esistenza di un pregiudizio può considerarsi in re ipsa per il fatto che dall'impedimento denunciato, può derivare una contrazione dei diritti civili dei ricoverati con negativi riflessi sull'interesse collettivo, e per la Schingaro anche individuale, alla tutela della salute mentale che essi perseguono.

L'irreparabilità del danno consegue alla natura dello stesso, che, incidendo, come si è detto, sui diritti civili, inerenti al 'pieno sviluppo della persona umana' (art. 3 Cost.), appare insuscettibile di valutazione economica e, quindi, - nel giudizio di merito - di risarcimento.

Nulla sulle spese in questa fase cautelare.

P.Q.M.

ORDINA ALLA CONGREGAZIONE RELIGIOSA DELLE SUORE ANCELLE DELLA DIVINA PROVVIDENZA, OSPEDALE PSICHIATRICO DI BISCEGLIE, IN PERSONA DEL LEGALE RAPPRESENTANTE DI NON IMPEDIRE AI RICORRENTI IL LIBERO INGRESSO NEI LUOGHI ABITUALI DI VITA DEI DEGENTI ALL'INTERNO DELL'OSPEDALE E LA COMUNICAZIONE DEGLI ISTANTI CON ESSI.

Fissa ai ricorrenti il termine perentorio di giorni 60 dalla ratificazione della presente ordinanza per l'inizio del giudizio di merito dinanzi al Giudice competente.

Bisceglie 8 marzo 1980

BIBLIOGRAFIA

1. ANTONUCCI G. (1986), *I pregiudizi e la conoscenza. Critica alla psichiatria*, Coop. Apache ed.

2. ANTONUCCI G. (1989), *Il pregiudizio psichiatrico*, Eleuthera

3. ANTONUCCI G. (1993), *Critica al giudizio psichiatrico*, Sensibili alle foglie

4. ANTONUCCI G., COPPOLA A. (1995), *Il telefono viola contro i metodi della psichiatria*, Eleuthera

5. ARTAUD A. (1988), *Van Gogh. Il suicidato della società*, Adelphi

6. BREGGIN P. (1984), *Elettroshock. I guasti del cervello*, Feltrinelli

7. BREGGIN P. (1985), *A brief history of psychiatry*, Phoenix Rising, vol. 5, nn.2/3

8. BUCALO G. (1993), *Dietro ogni scemo c'è un villaggio. Itinerari per fare a meno della psichiatria*, Sicilia Punto L.

9. BUCALO G. (1996a), *La malattia mentale non esiste. Antipsichiatria:prime istruzioni d'uso*, Nautilus

10. BUCALO G. (1996b), *Malati di niente. Manuale minimo di sopravvivenza psichiatrica*, Calusca Grafton

11. CESTARI R. (1994), *L'inganno psichiatrico*, Sensibili alle foglie

12. CHAMBERLIN J. (1990), *Da noi stessi. Un contributo per l'auto-aiuto psichiatrico*, Primerano

13. COOPER D. (1977), *Grammatica del vivere. Un'analisi di atti politici*, Feltrinelli

14. COOPER D. (1978), *Psichiatria e antipsichiatria*, Armando

15. COOPER D. (1979), *Il linguaggio della follia*, Feltrinelli

16. COOPER D. (1981), *La morte della famiglia*, Einaudi

17. COTTI E., VIGEVANI R. (1970), *Contro la psichiatria*, La Nuova Italia

18. FORTI L. (1979), a cura di, *L'altra pazzia*, Feltrinelli

19. FOUCALT M. (1970), *L'ordine del discorso*, Einaudi

20. FOUCALT M. (1978), *La casa della follia*, in BASAGLIA F., a cura di, *Crimini di pace*, Einaudi

21. FOUCALT M. (1992), *Storia della follia nell'età classica*, Rizzoli

22. FRAME J. (1990), *Dentro il muro*, Interno Giallo

23. GOFFMAN E. (1968), *Asylum*, Einaudi

24. GOFFMAN E., *La pazzia del posto*, in BASAGLIA F., a cura di, *Crimini di pace*, Einaudi

25. LAING R.D. (1969), *L'io diviso*, Einaudi

26. LAING R.D., ESTERSON A. (1970), *Normalità e follia nella famiglia.Undici storie di donne*, Einaudi

27. LAING R.D. (1977), *L'io e gli altri*, Sansoni

28. LAING R.D. (1978), *I fatti della vita*, Einaudi

29. LAING R.D. (1979), *Al di là della psichiatria*, Newton Compton

30. LAING R.D. (1979), *Intervista sul folle e il saggio*, Laterza

31. LAING R.D. (1980), *La politica dell'esperienza*, Feltrinelli

32. LAING R.D. (1982), *La nascita dell'esperienza*, Mondadori

33. MILLET K. (1994), *Il trip della follia*, Kaos

34. PAPUZZI A. (1977), *Portami su quello che canta. Processo a uno psichiatra*, Einaudi

35. SACKS O. (1995), *Un antropologo su Marte*, Adelphi

36. SCHATZMAN M. (1973), *La famiglia che uccide*, Feltrinelli

37. SCHATZMAN M. (1980), *Storia di Ruth*, Feltrinelli

38. SZASZ T. (1966), *Il mito della malattia mentale*, Il Saggiatore

39. SZASZ T. (1977), *Disumanizzazione dell'uomo*, Feltrinelli

40. SZASZ T. (1979), *Schizofrenia. simbolo sacro della psichiatria*, Armando

41. SZASZ T. (1981), *Il mito della psicoterapia*, Feltrinelli

42. SZASZ T. (1984), *Legge, libertà e psichiatria*, Giuffrè

43. SZASZ T. (1990), *L'incapace. Lo specchio morale del conformismo*, Spirali